FESTGABE

DER

LEIPZIGER JURISTENFAKULTÄT

FÜR

DR. JUR. OTTO MÜLLER

ZUM

14. MAI 1892.

Die indirekte Vermögensleistung von Bernhard Windscheid.
Der Gesammtakt, ein neuer Rechtsbegriff, von Johannes Emil Kuntze.

LEIPZIG,
VERLAG VON VEIT & COMP.
1892.

FESTGABE

DER

LEIPZIGER JURISTENFAKULTÄT.

FESTGABE

DER

LEIPZIGER JURISTENFAKULTÄT

FÜR

Dr. jur. OTTO MÜLLER

ZUM

14. MAI 1892.

Die indirekte Vermögensleistung von Bernhard Windscheid.
Der Gesammtakt, ein neuer Rechtsbegriff, von Johannes Emil Kuntze.

LEIPZIG,
VERLAG VON VEIT & COMP.
1892.

Druck von Metzger & Wittig in Leipzig.

Hochzuverehrender Herr Jubilar!

Ein günstiges Geschick hat es gefügt, dass Sie die Feier des Tages begehen dürfen, an welchem Sie vor fünfzig Jahren die höchsten Ehren unserer Wissenschaft erreicht haben. Ein reiches, arbeitsvolles und gesegnetes Leben liegt hinter Ihnen. Zuerst romanistischen Studien hingegeben, haben Sie unsere juristische Litteratur durch das vortreffliche Lehrbuch der Institutionen bereichert. Dann haben Sie mit seltener Energie und Vielseitigkeit des Geistes sich in das Gebiet des Sächsischen Partikularrechtes eingearbeitet, und wir Alle wissen, dass reife Früchte dieses Studiums ihrer Ernte entgegengehen. Seit über zweiunddreissig Jahren üben Sie eine reiche Lehrthätigkeit an unserer Universität, und es giebt nicht viele jetzt in der Sächsischen Praxis wirkende Juristen, die nicht zu Ihren Füssen gesessen hätten und Ihnen für die umsichtige juristische Schulung dankbar wären. Uns Fakultätsgenossen sind Sie aber diese lange Zeit hindurch ein treuer Mitarbeiter, ein freundlich gesinnter Kollege gewesen.

Ihre Fakultät hat daher geglaubt, das heutige Fest nicht würdiger begehen zu können, als wenn Sie Ihnen diese Schrift darbringt, welche Ihnen eine Erinnerung sein soll der Empfindungen, mit welchen Ihre Kollegen den heutigen Tag begrüssen. Möge es Ihnen beschieden sein, noch lange in unserer Mitte Ihre Wirksamkeit fortzusetzen, den Jahren Ihrer Amtsthätigkeit nach der Senior unserer Fakultät, an Frische und Schärfe des Geistes noch wetteifernd mit dem Jüngsten.

Leipzig, den 14. Mai 1892.

Die Juristen-Fakultät der Universität Leipzig.

Dr. Emil Friedberg
d. Z. Dekan

Dr. Bernhard Windscheid
Ordinarius d. F.
Dr. Emil Kuntze
Dr. Adolf Wach

Dr. Adolf Schmidt
Dr. Karl Binding
Dr. Oskar Bülow
Dr. Rudolph Sohm

INHALT.

DIE

INDIREKTE VERMÖGENSLEISTUNG.

Von

BERNHARD WINDSCHEID.

I.

Indirekte Vermögensleistung: Leistung durch die Person eines Anderen, Leistung in der Person eines Anderen.

1. A will dem B leisten, er weist den C an, die Leistung statt seiner[1] zu bewirken. Oder er weist den B an, die Leistung von C zu erheben. A leistet dem B durch die Person des C. B ist Leistungsempfänger, C ist Leistungsperson.[2]

2. A will dem B leisten, B weist ihn an, die Leistung statt an ihn an C zu bewirken. Oder B weist den C an, die Leistung von A zu erheben. A leistet dem B in der Person des C. B ist Leistungsempfänger, C ist Empfangsperson.[3]

3. In dem Falle unter 1 kommt durch die Vollziehung der Anweisung auch eine Leistung des Angewiesenen (C) an den

---

[1] Statt seiner; nicht: in seinem Namen.

[2] 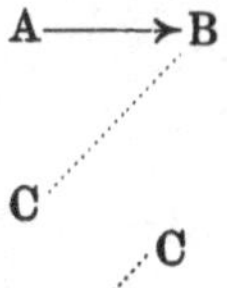

Der Pfeil soll die Richtung der zu machenden Leistung bezeichnen. Die Punkte sollen die Leistung bezeichnen, durch welche diese Leistung vollzogen wird.

[3] 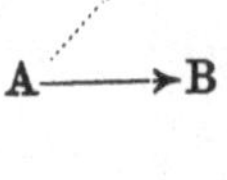

Anweisenden (A) zu Stande. C leistet dem A in der Person des B. A ist Leistungsempfänger, B ist Empfangsperson.[1]

4. Ebenso kommt in dem Fall unter 2 durch die Vollziehung der Anweisung auch eine Leistung des Anweisenden (B) an den Dritten, dem die Leistung gemacht werden soll (C), zu Stande. B leistet dem C durch die Person des A. C ist Leistungsempfänger, A ist Leistungsperson.[2]

Ich will im Folgenden, um kurze Ausdrücke zu haben, die Leistungen, welche durch die Vollziehung der Anweisung zu Stande kommen, Grundleistungen nennen, die Leistung des Angewiesenen, durch welche diese Leistungen zu Stande kommen, Vollzugsleistung.

Die Grundleistungen (und damit die Vollzugsleistung) können einen irgendwelchen Inhalt haben. Im Besonderen: Verschaffung des Eigenthums, Verschaffung eines Rechts an fremder Sache, Verschaffung eines Forderungsrechts (durch Versprechen oder Cession), Befreiung von einer obligatorischen oder dinglichen Belastung u. s. w.

Ebenso kann der Grund der Grundleistungen ein irgendwelcher sein: Absicht eine Verbindlichkeit gegen den Empfänger zu erfüllen, eine Verbindlichkeit für den Empfänger zu begründen, zu schenken, eine Ehe auszustatten (dos), die Bedingung einer letztwilligen Zuwendung zu erfüllen u. s. w. Die Vollzugsleistung hat als solche (gegenüber demjenigen an den sie gemacht wird) keinen Grund. Sie hat einen Grund nur in ihrer Eigenschaft als Mittel für die Bewirkung der Grundleistung, also für den Urheber und den Empfänger der Grundleistung.

---

1 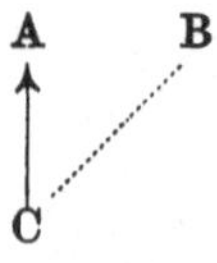

2 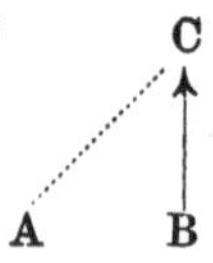

Ich habe im Vorstehenden von Anweisung gesprochen, und halte diesen Ausdruck der Kürze wegen fest. Dieselbe rechtliche Wirkung kann auch durch Gestattung erzielt werden: Gestattung, eine an den Gestattenden zu machende Leistung an einen Dritten zu machen; Gestattung, eine Leistung statt von dem Gestattenden von einem Dritten zu erheben.[1] Eine Anweisung kann möglicherweise auch in einem Auftrage enthalten sein.[2] Heutzutage spricht man gern, statt von Anweisung, von Delegation. Dagegen ist nichts einzuwenden, da die Ausdrücke *delegare, delegatio* den Quellen geläufig sind.[3] Nur ist vor dem Irrthum zu warnen, dass der Grund der Leistung, welche durch Vollziehung der Anweisung der Angewiesene (Delegat) dem Anweisenden (Delegant) oder der Anweisende dem Dritten (Delegatar) macht, nothwendigerweise die Absicht sei, eine ihm obliegende Verbindlichkeit zu tilgen. Kommt zu diesem Irrthum der andere hinzu, dass die Delegation immer zum Versprechen erfolge, oder gar der fernere, dass durch dieses Versprechen eine Novation bewirkt werde, so entsteht dann freilich ein Bild, welches an Schiefheit nichts zu wünschen übrig lässt.[4]

II.

Die Aufgabe des vorliegenden Aufsatzes ist, zu untersuchen, inwiefern ein rechtlicher Mangel der Grundleistungen oder einer

---

[1] L. 39 D. de don. i. v. e. u. 24. 1. Vergl. l. 49 D. de sol. 46. 3.

[2] Beim Auftrag kommt hinzu die Auferlegung der Verpflichtung zur Vollziehung des Auftrags.

[3] Ueber den Ausdruck iussus vgl. mein Lehrbuch des Pandektenrechts II § 412 Not. 9.

[4] Mancher wird diese Bemerkung überflüssig finden. Er wird der Meinung sein, dass bei dem jetzigen Stand der Wissenschaft (vgl. die Literaturangaben in meinem Lehrbuch II § 353 Not. 9) der bezeichnete Irrthum ausgeschlossen sei. Vielleicht ist es doch nicht überflüssig, immer wieder an das Richtige zu erinnern. Vgl. S. 22.

derselben auf die Vollzugsleistung einwirkt. Mit dem Ausdruck rechtlicher Mangel fasse ich die Fälle zusammen, dass die Grundleistungen oder eine derselben nichtig, anfechtbar, rückforderbar sind, dass dem durch sie begründeten Anspruch eine Einrede entgegensteht. Ist auch die Vollzugsleistung nichtig, anfechtbar, rückforderbar, steht auch dem durch die sie begründeten Anspruch eine Einrede entgegen?[1]

Es ist klar, dass zunächst folgende Unterscheidung zu machen ist.

1. Möglicherweise ist in der Vollzugsleistung auf die Grundleistung Bezug genommen worden. Die Vollzugsleistung hat den Inhalt der Grundleistung in sich aufgenommen. Z. B. Ich leiste dir das, was A dir schuldig ist; ich leiste dir das, was ich dem A schuldig bin. In diesem Falle erstrecken sich zweifellos die Mängel der Grundleistung auf die Vollzugsleistung. In dem angeführten Beispiel: wenn die vorausgesetzte Schuld nicht besteht, so ist für den zahlenden Angewiesenen Rückforderungsrecht, für den versprechenden Angewiesenen Rückforderungsrecht und Einrede begründet. Man spricht in diesem Falle von titulirter Delegation; der Ausdruck empfiehlt sich durch seine Kürze.

2. Wie aber, wenn die Vollzugsleistung auf die Grundleistung nicht in dieser Weise Bezug genommen hat? Sie ist abstrakt: ich zahle dir Hundert, ich verspreche dir Hundert. Es ist etwa hinzugefügt: auf Anweisung des A; aber welche Leistung des A durch das Zahlen, Versprechen vollzogen werden soll, ist nicht gesagt.

[1] Vgl. hierzu Thöl, Handelsrecht, 6. Aufl. I § 336. v. Salpius, Novation und Delegation S. 118 fg. Lotmar, Ueber Causa im röm. R. S. 135 fg. P. Gide, Études sur la novation et le transport des créances en droit romain p. 420 s. G. Schlesinger, Die Unanfechtbarkeit der Delegationsstipulation. Berlin 1882. Brinz, Lehrbuch der Pandekten II S. 379 fg. Mein Lehrbuch des Pandektenrechts II §. 412.

Es ist ein naheliegender Gedanke, dass in diesem Falle die Grundleistung, eben weil sie eine abstrakte Leistung ist, von den Mängeln der Grundleistung nicht berührt werde, dass dem Urheber der Grundleistung überlassen bleiben müsse, die Mängel derselben seinerseits dem Leistungsempfänger gegenüber geltend zu machen. Bei näherer Erwägung wird man aber, wie ich glaube, geneigt sein, weiter zu unterscheiden.

a. Die Leistung, welche durch die Vollzugsleistung zwischen dem Anweisenden und dem Dritten zu Stande gekommen ist, leidet an keinem Mangel; mangelhaft ist die Leistung des Angewiesenen an den Anweisenden. Der Anweisende ist z. B. Schuldner des Dritten und tilgt durch die angewiesene Leistung seine Schuld gegen diesen; der Angewiesene ist nicht Schuldner des Anweisenden, glaubt es aber zu sein, und will durch die Vollzugsleistung diese irrigerweise vorausgesetzte Schuld tilgen. Man wird nicht umhin können, es gerecht zu finden, dass der Dritte was er erhalten hat behalte, und dass, wenn das Erhaltene eine Obligation ist, er sie geltend machen könne, ohne eine Einrede des Versprechenden fürchten zu müssen. Er hat erhalten, was ihm nach der Rechtsordnung gebührt, und dass es ihm nicht gegeben worden sein würde, wenn der Geber nicht von einer irrigen Voraussetzung ausgegangen wäre, weiss er nicht oder braucht er nicht zu wissen.

b. Der umgekehrte Fall. Die Leistung des Anweisenden an den Dritten ist mangelhaft, die Leistung des Angewiesenen an den Anweisenden ist es nicht. Die Anweisung ist z. B. erfolgt, um eine irrigerweise als vorhanden angenommene Schuld des Anweisenden an den Dritten zu tilgen; der auf seine Schuld gegen den Anweisenden Angewiesene ist wirklich Schuldner. In diesem Falle hat der Leistungsempfänger nicht erhalten, was ihm gebührt. Aber andererseits hat der Angewiesene erhalten, was ihm gebührt. Er hat dem Anweiseden eine unangreifbare Leistung gemacht und damit erreicht, was er mit der Leistung hat erreichen wollen. In dem angeführten Beispiel: er hat aufgehört, Schuldner zu sein. Die Rechtsordnung wird zu erwägen haben, ob sie nicht auch in diesem Momente eine sachliche Rechtfertigung für die Bestimmung finden will, dass dem Angewiesenen das Vorgehen gegen den Dritten zu versagen sei.

c. Wie aber endlich, wenn beide Grundleistungen mangelhaft sind? Es ist z. B. in dem angeführten Beispiel nicht bloss die vorausgesetzte Schuld des Anweisenden gegen den Dritten nicht vorhanden, sondern auch nicht die vorausgesetzte Schuld des Angewiesenen gegen den Anweisenden. In diesem Fall steht dem Behalten des Dritten keine der vorhin genannten Erwägungen zur Seite; weder er noch der Anweisende haben erhalten was ihnen gebührt. Aber es bleibt die abstrakte Natur der Vollzugsleistung. Die Rechtsordnung wird zu erwägen haben, ob sie aus diesem Grunde auch in dem vorliegenden Fall dem Angewiesenen das Vorgehen gegen den Dritten versagen will.

III.

Sehen wir auf das römische Recht,[1] so finden wir in den Quellen desselben mehrfach ausgesprochen, dass die Anweisung des vermeintlichen Schuldners des Anweisenden zum Versprechen an den wirklichen Gläubiger des Anweisenden diesem Gläubiger ein Forderungsrecht gegen den Versprechenden gibt, ohne dass der Versprechende sich darauf berufen könnte, dass er dem Anweisenden nichts schuldig sei.[2] Allgemein sagt die oft angeführte l. 19 D. de nov. 46. 2:

---

[1] In den Gesetzbüchern darf man eine ausgiebige Beantwortung der aufgeworfenen Frage oder eine Beantwortung überhaupt nicht erwarten. Die Gesetzbücher müssen es sich versagen, so weit in der Casuistik zu gehen. Nur im A.L.R. (I. 16 § 266) findet sich eine einzelne hierher gehörige Bestimmung.

[2] Mag er durch Einrede geschützt oder *ipso iure* nicht schuldig sein. Der erste Fall ist der gewöhnlich besprochene; aber s. l. 13 D. de nov. 16. 2: „*non debetorem*".

„Doli exceptio, quae poterat deleganti opponi, cessat in persona creditoris, cui quis delegatus est.“

S. ferner l. 12. 13 eod., l. 1 § 10 D. quar. rerum actio 44. 5.[1] Als Grund wird angegeben, dass der Gläubiger *„suum recepit“*. Er hat erhalten, was ihm gebührt. L. 19 cit. fügt hinzu:

„quia in privatis contractibus et pactionibus non facile scire petitor potest, quid inter eum qui delegatus est et debitorem actum est, aut etiamsi sciat, dissimulare debet, ne curiosus videatur.“

Es sind dies die im vorigen Paragraphen unter 1 geltend gemachten Gesichtspunkte.

In gleichem Sinne wird der Fall entschieden, wo durch die Delegation des vermeintlichen Schuldners dem Empfänger des Versprechens eine Dos verschafft worden ist. L. 9 § 1 D. de cond. c. d. c. n. s. 12. 4:

„Si quis indebitam pecuniam per errorem sponso eius promisisset et nuptiae secutae fuerint, exceptione doli mali uti non potest... Itaque adversus mulierem condictio ei competit.“

S. ferner l. 78 § 5 D. de I. D. 23. 3, l. 4 § 21 D. de doli exc. 44. 4. Auch für diese Entscheidung wird der gleiche Grund angegeben, wie zuvor. L. 9 § 1 cit.:

„Maritus enim suum negotium gerit nec decipiendus est, quod fit, si cogatur indotatam mulierem habere.“

Es ist bekannt, dass das römische Recht das Heirathen gegen Empfang einer Dos wie ein Geschäft behandelt; der Ehemann lässt sich für die Uebernahme der Ehelasten mit der Dos bezahlen.[2] In dem vorliegenden Falle kommt übrigens noch ein anderer Gesichtspunkt hinzu, der favor dotis. L. 4 § 21 cit.: *„ne indolata fiat.“* Vgl. l. 2 D. de I. D. 23. 3:

„Republicae interest, mulieres dotes salvas habere, propter quas nubere possunt.“

---

[1] Ueber l. 4 § 20 D. de doli exc. 44. 4. s. unten S. 13.

[2] Vgl. die in meinem Lehrbuch II § 492 Note 4 genannten Stellen.

Auch der im vorigen Paragraphen unter 2 genannte Fall ist in den Quellen entschieden, und zwar ebenfalls zu Gunsten des Leistungsempfängers. L. 1 § 11 D. quar. rer. actio 44. 5:

— „*si libertus debitorem suum patrono delegavit, nulla exceptione summovendus est patronus, sed libertus a patrono suo hoc condicet.*“

Der Freilasser hat sich von dem Freigelassenen *libertatis onerandae causa* versprechen lassen, und dieses Versprechen ist ungültig.[1] Aber der von dem Freigelassenen zum Zwecke der Erfüllung seines Versprechens Delegirte ist wirklich Schuldner des Freigelassenen und ist durch das Versprechen an den Freilasser von dieser seiner Schuld frei geworden. Auch von ihm kann man daher sagen, dass er „*suum recepit*“. Deswegen[2] hält das römische Recht es für gerecht, dass er das dem Freilasser gegebene Versprechen erfülle:

„— *nulla exceptione summovendus est patronus.*“

Von dem im vorigen Paragraphen unter 3 genannten Fall handeln l. 7 pr. D. de cond. c. d. c. n. s. 12. 4, l. 2 § 4 D. de don. 39. 5 und l. 7 § 1 D. de doli exc. 44. 4. Beide Grundleistungen sind mangelhaft. Der auf seine Schuld zum Versprechen an einen Dritten Angewiesene ist nicht Schuldner des Anweisenden, und ebenso wenig ist der Dritte, dessen Forderung der Anweisende durch die Anweisung tilgen will, Gläubiger des Anweisenden. Oder der vermeintliche Schuldner wird zum Zweck der Bestellung einer Dos delegirt, und die Ehe kommt nicht zu Stande. Die genannten Stellen entscheiden, dass in diesem Fall dem Delegirten gegen den Dritten geholfen werde. Er braucht das dem Dritten gegebene Versprechen nicht zu er-

---

[1] L. 1 § 15 l. 2 § 2 tit. cit.

[2] Ich darf übrigens nicht verschweigen, dass dieser Grund in der Stelle nicht hervorgehoben wird.

füllen und kann sowohl das Gezahlte zurückfordern als Befreiung von der gegen ihn begründeten Obligation verlangen.

„*Petentem doli mali exceptione summoveri debere, et amplius agendo cum stipulatore consequar, ut mulier acceptam stipulationem faciat. Et habet haec sententia Iuliani humanitatem, ut etiam adversus hunc utar exceptione et condictione, cui sum delegatus.*"[1]

Der Grund dieser Entscheidung ist nicht angegeben, aber unschwer zu errathen. Müsste der Delegirte dem Dritten zahlen oder könnte er das Gezahlte von demselben nicht zurückfordern, so würde dem Dritten das Empfangene von dem Delegirenden wieder abgenommen werden, welcher es dann seinerseits dem Delegirten herauszugeben hätte. Das Gezahlte würde also doch wieder zu dem Zahlenden zurückkehren. Dadurch, dass der Delegirte von der Verpflichtung zu zahlen entbunden und ihm, wenn er gezahlt hat, ein Rückforderungsrecht gegeben wird, wird keine Verschiebung, sondern nur eine Abkürzung der Herstellung des richtigen ökonomischen Verhältnisses bewirkt.

Schwierigkeit macht hier der Schluss der oben angeführten l. 7 pr. D. de cond. c. d. c. n. s. 12. 4. Ich will aber davon, um den Zusammenhang nicht zu unterbrechen, erst an einer späteren Stelle reden.

IV.

Aus dem Gesagten ergiebt sich die interessante Thatsache, dass das römische Recht bei seinen Entscheidungen von der Erwägung der abstrakten Natur der Vollzugsleistung nicht ausgegangen ist. Es hat sich durch sachliche Erwägungen leiten lassen.[2] Es gewährt die Berufung auf die Mangelhaftigkeit der

---

[1] L. 7 § 1 D. de doli exc. 44. 4.

[2] So Brinz an der in Note 1 S. 6 genannten Stelle, während die übrigen dort angeführten Schriftstellen die abstrakte Natur der Vollzugsleistung in den Vordergrund stellen.

Grundleistungen trotz der abstrakten Natur der Vollzugsleistung und, wo es sie versagt, ist der Grund nicht diese abstrakte Natur. Nur nebenbei wird geltend gemacht, dass der Leistungsempfänger den Grund der Vollzugsleistung nicht gekannt habe.[1]

Noch mehr zeigt sich dieser Standpunkt des römischen Rechts in Folgendem. Das römische Recht gewährt dem auf seine vermeintliche Schuld gegen den Anweisenden Angewiesenen das Recht, sich dem Leistungsempfänger gegenüber auf seine irrige Voraussetzung zu berufen, nicht bloss dann, wenn auch die von dem Anweisenden dem Leistungsempfänger gemachte Leistung mangelhaft ist, sondern auch dann, wenn diese Leistung Schenkung ist. L. 2 § 3 D. de don. 39. 5:

„Aliud iuris est, si pecuniam, quam me tibi debere existimabam, iussu tuo spoponderim ei, cui donare volebas: exceptione enim doli tueri me potero et praeterea incerti condictione stipulatorem compellam, ut mihi acceptam faciat stipulationem.“

Ebenso l. 7 pr. D. de doli exc. 44. 4. Der Grund, dass, wenn der Angewiesene dem Dritten zu zahlen oder das Gezahlte zu leisten genöthigt würde, es auf einem Umwege zu ihm zurückkehren würde, fällt hier natürlich weg. Es bleibt nichts übrig, als dass der Leistungsempfänger ohne eigene Aufopferung erhalten hat. Wenn der Anweisende zahlungsunfähig ist, so hilft dem Angewiesenen sein Rückforderungsrecht gegen ihn nichts: es erschien dem römischen Recht billig, dass er den Schaden auf denjenigen abwälzen dürfe, welcher ihn ersetzen kann, ohne seinerseits etwas zu verlieren.

Es erhebt sich die Frage, ob der Schenkungsgesichtspunkt auch für den umgekehrten Fall massgebend ist, den Fall, wo der zu Beschenkende den Schenker anweist, statt an ihn an seinen (des zu Beschenkenden) vermeintlichen Gläubiger zu leisten. Die Quellen sagen nicht, dass dem Schenker gegen

---

[1] l. 19 i. f. D. de nov. 46. 2. S. oben S. 8.

den vermeintlichen Gläubiger Einrede und Rückforderungsrecht zustehe. Und in der That möchte für dieses Recht ein sachlicher Grund nicht sprechen. Der Angewiesene hat doch, wenn er auch zum Zweck der Schenkung geleistet hat, erreicht, was er gewollt hat, *habet suum.*

V.

Bisher ist nur ein einzelner Fall der Mangelhaftigkeit der Grundleistungen in Betracht gezogen worden, der Fall der irrigen Voraussetzung. Wie ist es mit anderen Gründen der Mangelhaftigkeit? Ich fasse zunächt die Fälle des Zwanges und des Betrugs ins Auge.

Wenn nach dem Einfluss von Zwang und Betrug gefragt wird, so ist zu bemerken, dass nicht der Fall gemeint ist, wo Jemand durch Zwang oder Betrug Schuldner geworden ist und dann von dem Gläubiger angewiesen wird, statt an ihn an einen Dritten zu leisten. Dieser Fall ist im Vorstehenden erörtert worden. Sondern der gemeinte Fall ist der, dass der Angewiesene durch Zwang oder Betrug zur Leistung an einen Dritten bestimmt wird. Kann er sich auf diesen Zwang oder Betrug dem dritten Leistungsempfänger gegenüber berufen?

Von dem Fall des Betrugs handelt l. 4 § 20 D. de doli exc. 44. 4.

„*Item quaeritur, si debitor meus te circumveniebat teque mihi reum dedit egoque abs te stipulatus fuero, deinde petam, an doli exceptio obstet. Et magis est, ut tibi non permittatur, de dolo debitoris mei adversus me excipere, cum non ego te circumvenerim, adversus ipsum autem debitorem meum poteris experiri.*“

Also die gleiche Entscheidung, wie für den Fall der Leistung unter voriger Voraussetzung.[1]

---

[1] Dass die genannte Stelle in der That von dem Fall spricht, wo der Betrug der Grund der Befolgung der Anweisung ist, geht deutlich aus dem Gegensatz des § 21 hervor. „*Sed et si mulier post admissum dolum debitorem suum marito in dotem delegaverit* . . .“

Im Gegensatz zu dem über den Betrug Gesagten gibt l. 4 § 33 de doli exc. 44. 4 dem zum Versprechen an einen Dritten Gezwungenen eine Einrede auch gegen diesen Dritten. Aber das beruht nicht auf einer verschiedenen Ansicht über die Beantwortung der uns hier beschäftigenden Frage, sondern auf dem verschiedenen Recht des Zwanges. Denn der Zwang wirkt *in rem.* L. 4 § 33 cit.

„Metus causa exceptio in rem scripta est... ut non inspiciamus, an is qui agit metus causa fecit, sed an omnino metus causa factum est in hac re a quocunque, non tantum ab eo eo qui agit, et quamvis de dolo auctoris exceptio non obiciatur, verumtamen hoc iure utimur, ut de metu non tantum ab auctore, verum a quocunque adhibito exceptio obici possit.“

A quocunque adhibito: es soll dem Dritten versprochen werden. Die Entscheidung ist also nicht auf den Fall auszudehnen, wo dem Zwingenden versprochen worden ist, und dieser dann auf die dadurch entstandene Schuld zur Leistung an einen Dritten angewiesen worden ist. Hier ist der Grund der Leistung nicht der Zwang, sondern die irrige Voraussetzung.

VI.

Ungültigkeit der Grnndleistungen oder einer derselben wegen Nichtbeachtung der gesetzlich vorgeschriebenen Form.

Hier kommen in Betracht l. 21 D. de don. 39. 5 und l. 5 § 5 D. de doli exc. 44. 4. Sie erörtern den Fall einer durch Anweisung zum Versprechen vollzogenen *„immodica donatio.“* Es wird gefragt, ob der Angewiesene sich auf die Uebermässigkeit der Schenkung gegenüber dem Versprechensempfänger auch dann berufen könne, wenn er auf seine Schuld gegen den Anweisenden angewiesen sei und diese Schuld wirklich bestehe, und auch dann, wenn er selbst der Schenker sei und der Beschenkte ihn angewiesen habe, zum Zweck der Vollziehung der

Schenkung dem Gläubiger des Beschenkten zu versprechen. Beide Fragen werden verneint. Die erste mit der Motivirung:

„quia perinde sum, quasi exactam a debitore meo summam tibi donaverim et tu eam illi credideris“,[1]

die zweite mit der Motivirung:

„ille enim suum recepit“

„quoniam creditor suum petit.“[2]

Diese letztere Motivirung ist uns aus dem Vorhergehenden bekannt, und auch die erste lässt sich in einer Weise deuten, dass sie mit der oben angegebenen[3] Motivirung der entsprechenden Entscheidung für den Fall, dass ein wirklicher Schuldner einem vermeintlichen Gläubiger delegirt worden ist, übereinstimmt. Der delegirte Schuldner muss sein Versprechen erfüllen, weil er durch die Erfüllung keinen Schaden hat. Wäre er nicht delegirt worden, so hätte er seinem Gläubiger leisten müssen, und wie dieser über das Empfangene verfügt haben würde, berührt ihn nicht, auch nicht dass der Gläubiger es zu einer Schenkung an den Versprechensempfänger verwendet und dieser es ihm, dem Versprechenden, geliehen haben würde.

Die gleiche Entscheidung geben die Quellen für den Fall, wo durch die Vollziehung der Schenkung einem Dritten eine Dos verschafft werden soll und die Ehe zu Stande gekommen ist. Auch die Motivirung ist die gleiche, nur unvollkommener ausgedrückt: es heisst,[4] dass der Ehemann

„suo nomine agit“.

Nun aber ist zu bemerken, dass die genannten Stellen im Sinne ihrer Verfasser von einer Ungültigkeit der übermässigen Schenkung wegen Nichtbeachtung der gesetzlich vorgeschrie-

---

[1] l. 21 § 1 de don.

[2] l. 21 pr. de don., l. 5 § 5 de doli exc.

[3] S. 10.

[4] l. 5 § 5 D. de doli exc.

benen Form nicht reden. Sie sind geschrieben unter der Herrschaft der *lex Cincia* und die *lex Cincia* schrieb weder für die ein gewisses Mass überschreitende Schenkung eine Form vor, noch erklärte sie dieselbe für nichtig. Sie war eine *lex imperfecta.* Aber der Prätor nahm sich ihrer an und gewährte aus der übermässigen Schenkung keine *actio* oder *actio cum exceptione.* Von dieser *exceptio* reden die Quellen:

„*au summoveris donationis exceptione,*“ [1]

„*non poterit adversus petentem uti exceptione.*“ [2]

Im Zusammenhang der Justinianischen Compilation müssen aber die Stellen auf die Justinianische Vorschrift über die Nothwendigkeit der Insinuation bei Schenkungen über 500 solidi bezogen werden, [3] nach welcher Vorschrift die Nichtbeobachtung der Insinuationsform Nichtigkeit zur Folge hat. Es ergiebt sich das Resultat, dass auch die Nichtigkeit der Grundleistung wegen Mangels der gesetzlich vorgeschriebenen Form in ihrem Einfluss auf die Vollzugsleistung nicht anders zu beurtheilen ist, als die Ungültigkeit wegen irriger Voraussetzung und wegen Betrugs.

Die angeführte l. 21 D. de don. § 95 enthält am Schluss noch eine seltsame Vorschrift. Der zum Zweck einer übermässigen Schenkung delegirte Schuldner soll allerdings verpflichtet sein, dem Versprechensempfänger zu leisten, aber er soll zugleich verpflichtet sein, dem delegirenden Gläubiger zu leisten, so weit die Schuld das erlaubte Mass der Schenkung übersteigt. Er ist also Schuldner des Einen und des Anderen, des Versprechensempfängers und des alten Gläubigers, und es kommt darauf an, wer von Beiden zuerst gegen ihn vorgeht. Beide sind zwar nicht Correal- aber doch Solidargläubiger.

---

[1] l. 21 § 1 de don.

[2] l. 5 § 5 de doli exc.

[3] Dies ist allerdings bestritten. Vgl. die Literaturangabe in meinem Lehrbuch II § 367 Note 8.

Ein innerer Grund für diese Entscheidung ist nicht ersichtlich. Sie erscheint als der Ausdruck einer haltlosen Billigkeit. Ich möchte fast glauben, dass sie nicht von dem alten Juristen (Celsus) herrührt.

VII.

In einer ganz besonderen Weise behandeln die Quellen den Einfluss der Ungültigkeit der Schenkung zwischen Ehegatten auf die Vollzugsleistung. Hier wird mit aller Entschiedenheit die Nichtigkeit der Vollzugsleistung auch für den Fall ausgesprochen, dass die andere Grundleistung nicht mangelhaft ist. So wenn der schenkende Ehegatte seinen Schuldner oder denjenigen, welcher ihm seinerseits schenken will, anweist, dem zu Beschenkenden zu zahlen oder zu versprechen; ebenso wenn der zu beschenkende Ehegatte den Schenkenden anweist, seinem (des zu Beschenkenden) Gläubiger zu zahlen oder zu versprechen. L. 3 § 12. 13 l. 4 l. 5 § 4 l. 39 D. de don. i. v. e. u. 24 1.

Es erhebt sich die Frage, ob diese Entscheidungen aus der Eigenthümlichkeit der Schenkung zwischen Ehegatten zu erklären sind oder ob in ihnen der Ausdruck eines Princips gefunden werden muss. Das Princip würde lauten: wenn die Grundleistung nichtig (nicht bloss anfechtbar, rückforderbar, durch Einrede rückweisbar)[1] ist, so ist die Vollzugsleistung selbst in dem Falle nichtig, wenn die andere Grundleistung ohne Mangel ist.

Gegen diese Verallgemeinerung spricht zunächst, dass für die Nichtigkeit wegen Nichtbeobachtung der gesetzlich vorgeschriebenen Form vorhin (§ 6) das Gegentheil gefunden worden ist. Doch möchte ich hierauf kein entscheidendes Gewicht legen.

---

[1] Genauer: rückweisbar ist der Anspruch aus der Grundleistung.

Denn die Nichtigkeit der grossen Schenkung muss in die angeführten Quellenstellen erst durch einen Schluss aus ihrer Einreihung in die Justinianische Compilation hineingetragen werden.

Wohl aber lässt sich fragen: was hätte das römische Recht bewegen sollen, auf den Unterschied zwischen Nichtigkeit und indirekter Unwirksamkeit ein so entscheidendes Gewicht für die praktische Behandlung zu legen? Nichtigkeit: die Rechtsordnung hat verweigert, den von dem Rechtsgeschäft begehrten Rechtsbefehl zu erlassen; indirekte Unwirksamkeit: die Rechtsordnung hat den Rechtsbefehl erlassen, aber zugleich einen anderen, welcher den durch den ersten Rechtsbefehl Benachtheiligten gegen die Befolgung desselben schützt oder ihm das durch die Befolgung Verlorene wiederverschafft.

Aus diesen Gründen halte ich für die vorzuziehende Ansicht, dass das für die Schenkung zwischen Ehegatten Vorgeschriebene besonderes Recht dieser Schenkung sei.

Ich halte diese Ansicht für die vorzuziehende trotz des folgenden Bedenkens. Unverkennbar geht durch die Entwickelung des Rechts der Schenkung zwischen Ehegatten ein Zug nicht nach Verschärfung, sondern nach Milderung des Verbotes. Dies zeigt sich in mehr als einem Punkt. So namentlich in der Beschränkung des Schenkungsbegriffs auf den Fall, wo nicht bloss der Empfänger roicher, sondern auch der Geber ärmer geworden ist;[1] in der Beschränkung des Verbots auf das Capital des Geschenkten, während der Ertrag dem Beschenkten freigelassen ist;[2] in der Hervorhebung des Satzes, dass, wenngleich die Schenkung nichtig ist, doch der Beschenkte das Empfangene, so lange der Schenker es nicht zurückfordert, mit dessen Willen hat und daher in der Verfügung über das

[1] l. 5 § 8. 16 de don. i. v. e. u. 24. 1.

[2] l. 17 pr. cod.: — „*Fructus ... et usuras licitam habere donationem.*" L. 15. 16 cod.

Empfangene nicht Unrecht thut;[1] endlich in dem Gültigwerden der Schenkung durch den Tod des Schenkers, ohne dass er die Schenkung zurückgenommen hat.

Aber mit allen diesen Milderungen ist doch die Auffassung wohl verträglich, dass, wenn der Schenker das Geschenkte wiederhaben will, ihm möglichst energisch geholfen werden müsse, und dass er daher im Besonderen in dem hier zur Frage stehenden Fall nicht auf einen persönlichen Anspruch gegen den Beschenkten verwiesen werden dürfe, welcher wegen Zahlungsunfähigkeit desselben für ihn werthlos sein könne, dass vielmehr dafür zu sorgen sei, dass er nichts verloren habe. Bei Nichtigkeit der Vollzugsleistung hat er, wenn er durch Anweisung seines Schuldners zur Leistung an den zu Beschenkenden geschenkt hat, seinen Schuldner behalten; wenn der zu Beschenkende ihn angewiesen hat, dem Gläubiger des zu Beschenkenden zu leisten, hat er das Geschenkte behalten.

Der in den Quellen vertretene Versuch, in dem ersten der zuvor bezeichneten Fälle dem Schenker, wenn die Schenkung durch Geben vollzogen worden ist, ein direktes Vindicationsrecht (Gegensatz: Vindicationsrecht durch Abtretung des Vindicationsrechts des Angewiesenen) zu verschaffen, berührt die hier verhandelte Frage nicht.[2]

VIII.

Wie ist es in dem Fall der Handlungsunfähigkeit des Anweisenden? Nehmen wir an, ein Geisteskranker weist seinen Schuldner an, das was er ihm schuldig ist einem Dritten zu

---

[1] Die Quellenzeugnisse sind zahlreich. Ich hebe hervor l. 5 § 18 D. de don. i. v. e. u. 24. 1, l. 5 pr. i. f. D. pro derelicto 41. 7.

[2] L. 3 § 12. 13 l. 4 D. de don. i. v. c. u. 24. l. 39 cit. Vgl. l. 38 § 1 D. de sol. 46. 3, l. 44 pr. D. de furt. 47. 2. Ihering, Jahrb. f. Dogm. II S. 138 fg. Mein Lehrbuch I § 172 Note 16.

leisten. Sollen wir dem Angewiesenen gegen den Dritten Einrede und Rückforderungsrecht gewähren?

Diese Frage scheint unbedingt bejaht werden zu müssen. Die Leistung, welche der Geisteskranke dem Dritten durch den Angewiesenen gemacht hat, ist wegen der Handlungsunfähigkeit des Geisteskranken ungültig; der Dritte muss das Empfangene, wenn es ihm nicht von dem Angewiesenen wieder abgenommen wird, dem Geisteskranken herausgeben. Aus dem gleichen Grunde ist aber auch die Anweisung, welche der Geisteskranke seinem Schuldner gegeben hat, ungültig; der Schuldner kann die dem Dritten gemachte Leistung dem Geisteskranken als eine ihm gemachte nicht anrechnen, er ist Schuldner geblieben. Also sind beide Grundleistungen mangelhaft, und der Angewiesene muss nach dem eben Gesagten dem Dritten gegenüber geschützt werden.

Es ist aber zuzusehen, ob diese Entscheidung durchweg zutreffend ist. Nehmen wir an, der Dritte ist Gläubiger des Geisteskranken, und die Anweisung ist erfolgt, um diesen für seine Forderung zu befriedigen. Wenn jetzt der Dritte von Seiten des Geisteskranken auf Wiederherausgabe des Empfangenen belangt wird, so kann er seine Forderung gegen den Geisteskranken einredeweise geltend machen. Er kann vielleicht auch sagen, dass, wenn er auch das Empfangene nicht durch eine gültige Leistung seines Schuldners erhalten habe, er es doch auf seine Forderung erhalten habe, und dass daher der Geisteskranke befreit (durch *exceptio doli* geschützt) sei. Ist dies aber richtig, so kann auch der Schuldner des Geisteskranken sich diesem gegenüber auf seine Leistung an den Dritten berufen, er ist befreit. Ihm Einrede und Rückforderungsrecht gegen den Dritten zu gewähren, wäre ein unnöthiger Umweg.

Diesen Standpunkt vertritt l. 16 D. de doli exc. 44. 4.

„Si debitor a furioso delegatus creditori eius solvat, ... et ita cum eo agatur, exceptione doli in id, quod in rem furiosi processit,[1] *defenditur.“*

Versuchen wir, diese Entscheidung zur nöthigen Allgemeinheit zu erheben, so werden wir sagen dürfen, dass dem von einem Handlungsunfähigen zur Leistung an einen Dritten Angewiesenen in allen Fällen Einrede und Rückforderungsrecht gegen den Dritten nicht zustehe, in welchen der Anweisende für seine durch die Anweisung an den Dritten vollzogene Leistung ein Aequivalent habe. Zuzugestehen ist es ihm also namentlich dann, wenn der Handlungsunfähige dem Dritten hat schenken wollen. Ueber den Fall, wo er dem Dritten eine Dos hat bestellen wollen, kann man zweifelhaft sein. Doch bin ich geneigt, in diesem Fall dem Angewiesenen Einrede und Rückforderungsrecht zuzugestehen. Der Handlungsunfähige hat zwar insofern ein Aequivalent für seine Leistung an den Dritten, als dieser die Ehelasten übernommen hat. Aber es darf nicht vergessen werden, dass mit dem Geben einer Dos das Gegebene dem gesetzlichen Recht der Dos überantwortet wird und dass dieses Recht dahin führt, dass auch nach Auflösung der Ehe die Dos nicht an den Geber zurückfällt. In dem Geben einer Dos liegt zwar keine Schenkung an den Ehemann, aber doch eine Schenkung an die Ehefrau.[2]

IX.

Das Quellenmaterial ist in dem Vorstehenden erschöpft. Ich gebe noch einige Nachträge zu dem Gesagten.

1. Es ist oben auf die Schwierigkeit aufmerksam gemacht worden, welche l. 7 pr. i. f. de cond. c. d. c. n. S. 12. 4 bereitet.

---

[1] Der Betrag des Gezahlten kann grösser sein, als der Betrag der Schuld des Geisteskranken.

[2] Bezw. nach classischem Recht an denjenigen, welcher durch die Auflösung der Ehe aufgehört hat, Ehemann zu sein.

Hier entscheidet Julian, dass wenn Jemand einem Bräutigam zum Zweck der Bestellung einer Dos seinen Schuldner überweise und die Ehe nicht zu Stande komme, das Recht der Rückforderung dem Ueberwiesenen, nicht dem Ueberweisenden zustehe.

„*Si autem vere debitor fuisset et ante nuptias solvisset et nuptiae secutae non fuissent, ipse possit condicere.*

Dies steht in direktem Widerspruch mit l. 1 § 11 D. quar. rer. actio 44. 5 und in indirektem mit den S. 9 angeführten Stellen. Sollen wir annehmen, dass Julian eine besondere Meinung gehabt habe? Das ist wenig wahrscheinlich. Wir werden zur Annahme gedrängt, dass Julian sich das Versprechen des Schuldners an den Bräutigam als ein titulirtes gedacht habe: ich verspreche dir zum Zweck der Verschaffung einer Dos.

2. In derselben Weise glaube ich l. 7 § 7 D. de SC° Mac. 14. 6. erklären zu müssen. Jemand gibt einem Haussohn ein Darlehn und weist ihn an, die Rückgabe einem Dritten zu versprechen:

„*dabitur adversus eum exceptio.*“

Der Verfasser der Stelle hat sich den Fall so gedacht, dass der Dritte den Grund des Versprechens des Angewiesenen gekannt hat und sich von ihm nicht abstrakt („*centum*“), sondern mit Bezugnahme auf das gegebene Darlehn („*centum quae Titius tibi mutua dedit*“) hat versprechen lassen.[1]

3. Es kann sein, dass die Vollzugsleistung in sich, abgesehen von ihrer Eigenschaft als auf Anweisung erfolgte Vollzugsleistung, ungültig ist. Dieser Fall gehört nicht in die hier ver-

---

[1] Auch hier ist (vgl. S. 13) der Fall wohl zu unterscheiden, wo der Haussohn zuerst in seiner Person Schuldner geworden ist und er dann auf diese seine Schuld einem Dritten überwiesen wird. Dass in diesem Falle (bei abstraktem Versprechen) dem Dritten die exceptio SC[i] Macedoniani nicht entgegenstehe, sagt ausdrücklich l. 19 D. de nov. 46. 2.

handelte Frage, und daher im Besonderen nicht l. 44 pr. D. de furtis 47. 2.

„*Si iussu debitoris ab alio falsus procurator creditoris accepit, debitori iste tenetur furti et nummi debitoris erunt.*“

Der *falsus procurator* begeht durch die Annahme ein *furtum,* welches den Eigenthumsübergang an ihn hindert. L. 43 pr. D. eod.

— *furtum facit, nec nummi eius fient*“.[1]

Ein anderer hierher gehöriger Fall ist der, wo in dem auf Anweisung gegebenen Versprechen einer Frau eine Intercession enthalten ist.[2]

X.

Schliesslich darf die Ansicht nicht unerwähnt bleiben, welche E. Danz in seiner Schrift: Die Forderungsüberweisung, Schuldüberweisung und die Verträge zu Gunsten Dritter (1886) und schon früher (1881) in einem Aufsatz in den Jahrb. f. Dogm. XIX S. 69 flg. über die Delegation und die im Vorstehenden behandelten Quellenstellen entwickelt hat. Danz hält die früher herrschende Auffassung der Delegation fest, und behauptet, Delegation, jedenfalls die eigentliche technische Delegation, sei 1) Anweisung zum Versprechen, 2) Anweisung eines Gläubigers, der seinem Schuldner einen anderen Gläubiger geben wolle (active Delegation) oder eines Schuldners, der seinem Gläubiger einen an-

---

[1] Dass die vindicatio dem Anweisenden und nicht dem Angewiesenen gegeben wird, darüber s. S. 18.

[2] In l. 19 D. de nov. 46. 2 wird ausgesprochen, dass, wenn eine Frau, welche durch Intercession Schuldnerin geworden ist, von ihrem Gläubiger auf diese ihre Schuld angewiesen wird, dem Gläubiger des Gläubigers zu versprechen, auch darin ein Verstoss gegen das SCum Velleianum liege. Das Gegentheil sagt l. 8 § 2 D. ad SCum Vell. 16. 1. Das geht die Lehre vom SCum Velleianum, nicht die hier behandelte Frage an.

deren Schuldner geben wolle (passive Delegation),[1] 3) durch das Versprechen des Angewiesenen werde eine Novation bewirkt. Der Grundgedanke von Danz ist, dass durch diese Novation nicht ein neues Forderungsrecht begründet, sondern das bestehende auf den neuen Gläubiger bez. Schuldner übertragen werde. Zu diesem Ende behauptet er ferner, dass die Delegationsstipulation in den Quellen immer als titulirte gedacht werde (*quod Titio debes, quod Seius mihi debet*).[2] Ist aber, schliesst Danz mit Recht, der neue Gläubiger Rechtsnachfolger des früheren Gläubigers, so muss er auch den gegen den früheren Gläubiger begründeten Einreden unterliegen, ist der neue Schuldner Rechtsnachfolger des früheren, so müssen ihm auch die für den früheren Schuldner begründeten Einreden zustehen. Hier nun steht Danz vor l. 12. 19 D. de nov. 46. 2 und den übrigen S. 8. 9 genannten Stellen. Ich lasse hier nur den Anfang des l. 19 cit. noch einmal abdrucken. „*Doli exceptio, quae poterat deleganti opponi, cessat in persona creditoris, cui quis delegatus est.*" Danz hilft sich mit der Annahme, dass in diesen Stellen nicht von einer activen, sondern von einer passiven Delegation gesprochen werde, der Delegirende sei der Schuldner, und es werde in diesen Stellen ausgesprochen, dass die Einreden, welche dem von dem Schuldner Delegirten gegen den delegirenden Schuldner zustehen, nicht gegen den Gläubiger geltend gemacht werden können.

Ich halte diese Auslegung, wenn einmal zugegeben wird, dass die Stellen von einer titulirten Delegation reden, für mög-

---

[1] In l. 2 § 2 D. de don. 39. 5 heisst es: „*Cum ego Titio pecuniam donaturus te, qui mihi tantumdem donare volebas, iussero Titio promittere, inter omnes personas donatio perfecta est.*" Danz (Jahrb. XIX S. 83) bringt hier ein Schuldverhältniss dadurch heraus, dass er annimmt, dass der Delegirte dem Deleganten bereits eine bestimmte Summe zu schenken versprochen habe. Das soll bewiesen werden durch das Wort *volebas*.

[2] Vgl. mein Lehrbuch II § 355, Note 1a.

lich, aber für wenig wahrscheinlich. Es müsste z. B. in l. 19 cit. angenommen werden, dass die Delegationsstipulation gelautet habe (wenn der Delegant Titius heisst): *quod Titius mihi debet* (statt: *quod tu Titio debes*) *dari spondes?* Uebrigens ergiebt sich durch die Danz'sche Auslegung kein sachlich unrichtiges Resultat. Es ist aber irrig, jedenfalls verwirrend, wenn Danz die Entscheidungen der Quellen — immer in der Annahme, dass sie die Delegationsstipulation als titulirte denken — auf die Unterscheidung zwischen activer und passiver Delegation zurückführt. Mit dieser Unterscheidung, deren Nichtbeachtung er der herrschenden Meinung vorwirft, glaubt er eine Entdeckung gemacht zu haben. Es ist aber bei der activen Delegation genau so, wie bei der passiven. Der Unterschied ist nur der, dass bei der activen Delegation der Versprechende verspricht, was er selbst schuldig ist, bei der passiven, was ein anderer schuldig ist. In dem einen und dem anderen Falle kann er die Einreden gegen die Forderung, welche er erfüllen zu wollen versprochen hat, geltend machen; aber wie er bei der passiven Delegation keine Einrede aus seinem Verhältniss zum Delegirenden entnehmen kann, so bei der activen Delegation keine Einrede aus dem Verhältniss des Delegirenden zum Delegatar.

Dass ich die Behauptung Danz's, bei der titulirten Delegation finde eine Rechtsnachfolge in das bestehende Forderungsrecht statt, für unrichtig halte, will ich nur nebenbei bemerken. Die vorliegende Frage wird davon nicht berührt.

Danz glaubt eine erschöpfende Definition der Delegation in l. 11 pr. D. de nov. 46. 2 gefunden zu haben.

„Delegare est vice sua alium reum dare creditori vel cui iusserit."

In dem ersten Theil der Stelle sei von der passiven Delegation die Rede, in dem zweiten von der activen. *Reus* bedeute nämlich in diesem zweiten Theil den Gläubiger, es werde dem Schuldner ein anderer Gläubiger gegeben. Auf die Frage, warum es nicht einfach heisse *„debitori"*, gibt Danz zur Antwort, weil der Eintritt eines neuen Gläubigers mit Ausscheiden des bisherigen ohne *iussus* des bisherigen Gläubigers nicht möglich sei. Die Worte „*ei cui iusserit*“ sollen also den gleichen Sinn haben, als wäre gesagt „*ei quem iusserit*“. Danz wird sich mit der lateinischen Grammatik auseinanderzusetzen haben.[1]

---

[1] Ob man die Worte „*ei cui iusserit*“ auf den Delegatar beziehen will, welcher seinerseits die Anweisung ertheilen könne, statt an sich an einen Anderen zu versprechen, oder auf den Deleganten, so dass gesagt wäre, die Anweisung könne nicht bloss auf ein Versprechen an den Gläubiger des Deleganten, sondern auch auf ein Versprechen an einen Anderen gehen, ist gleichgültig. Vgl. l. 10 § 6 mand. 17. 1. Goldschmidt Zeitschr. der Sav. Stift. X S. 391 erklärt die letzte Auslegung für unmöglich. Einen Beweis für diese Behauptung finde ich nicht.

DER GESAMMTAKT,

EIN NEUER RECHTSBEGRIFF.

VON

JOHANNES EMIL KUNTZE.

Erster Abschnitt.

Allgemeines.

§ 1.

I. Einleitung.

I. Ich habe mir zur Aufgabe gestellt, an einem hervorragenden Beispiel den Werth der Construktivjurisprudenz für Theorie und Praxis zu zeigen. Ich möchte einem Rechtsbegriffe zur wissenschaftlichen Anerkennung verhelfen, dessen bisherige Abwesenheit eine grosse Lücke in unserem dogmatischen Rechtssystem lässt. Es gilt diese Lücke auszufüllen.

Die Lebenserscheinungen, um welche es sich dabei handelt, sind uns längst bekannt, vertraut; die Doktrin hat sich oft mit ihnen beschäftigt, aber ohne ihren begrifflichen Zusammenhang zu beachten, und ohne in dem ihnen zu Grunde liegenden Begriffe den Schlüssel für Probleme zu suchen, mit welchen man sich bis jetzt erfolglos abgemüht hat.

Die Construktivjurisprudenz hat sich, wie es natürlich ist, nicht bloss mit den Rechtswirkungen, seien es Rechtsverhältnisse oder Rechtssphären, und ihrer Struktur befasst und z. B. viel Mühe auf die Frage der juristischen Person, der ruhenden Erbschaft, der sog. Rechte an Rechten, der Cession und Singularsuccession verwendet, sondern sondern sie hat sich auch mit besonderem Eifer auf die Ergründung der

Struktur der Rechtsgeschäfte geworfen. In den Bereich dieser Betrachtung gehört auch das vorliegende Thema. Es gilt, einer besonderen Rechtsfigur im Umkreis der Rechtsgeschäfte nachzugehen, und zwar der Rechtsgeschäfte im weitesten Sinne, denn, wie wir sehen werden, ausser dem Privatrecht nehmen auch andere Rechtsgebiete Theil an dem Interesse des Problems, und nicht etwa bloss das römische Recht, sondern auch das germanische und das moderne Recht, ja jedes civilisirte Recht liefert Lebenserscheinungen, welche in den Bereich unseres Problems fallen. Das gestellte Thema ist also weitesten Umfangs.

II. Der Begriff, welchem ich lebendiges Blut einflössen möchte, hat schon längst in der Luft gelegen. Aber aus grosser Ferne winkend, glich er einer Nebelgestalt. Ob diese nichts als ein Hirngespinnst, oder ob sie ein brauchbarer Begriff und als solcher berechtigt und wirklich und nur wegen der Ferne in Nebel gehüllt sei, ward nicht constatirt. Einige nahmen das erstere an, die meisten Uebrigen liessen den Begriff dahingestellt und gänzlich unbeachtet. Ueber Andeutungen ist unsere Wissenschaft bisher nicht hinausgekommen. Die Frage ist also, ob jene Gestalt aus Nebel besteht und beim Zugriff in Nichts zerfährt, oder ob sie in Nebel gehüllt durch Annäherung greifbar wird.

In dem Bereich der Rechtsgeschäfte steht der Vertrag obenan; auf ihm baute sich bei den Römern das ganze *commercium inter vivos* auf, während das einseitige Rechtsgeschäft sein Hauptgebiet im *commercium mortis causa* angewiesen erhielt. Auf germanischem und modernem Boden ist das einseitige Rechtsgeschäft mehr in den Vordergrund gerückt, und die neuere Wissenschaft bemüht sich bekanntlich, das Gebiet des Vertragsbegriffs gegen den Creationsakt bez. gegen die rechtsverbindliche Offerte schärfer abzugrenzen. Die Alleinherrschaft des Vertragsbegriffs ist gebrochen, andere Begriffe beginnen sich mit ihm in die Herrschaft (über das *commercium inter vivos*) zu theilen, und nun möchte jene Herrschaft des Vertragsbegriffs noch weiter eingeschränkt werden, indem — wenigstens zum grossen Theil — auf seine Kosten einem anderen in unser wissenschaftliches Bewusstsein tretenden neuen Rechtsbegriffe Raum daneben erstritten wird.

III. Der Gedanke, welcher diesem Rechtsbegriffe zu Grunde liegt, tauchte längst unter der Bezeichnung „collektiv" auf. Man nannte die (offene) Handelsgesellschaft *société en nom collectif (code de commerce)* oder Collektivgesellschaft, weil die Personen der Theilnehmer in der einheitlichen Firma solidarisch zusammengefasst sind,[1] das HGB. (A. 44) nennt Collektivprokura die verschränkte Prokura mehrer Mitprokuristen; hieran anknüpfend könnte ich den zur Anerkennung zu bringenden Akt Collektivakt nennen, und ich habe nichts gegen diese Bezeichnung, wähle aber, dem Geiste der Zeit folgend, einen guten deutschen Ausdruck: Gesammtakt, denn er bezeichnet sehr deutlich den Grundgedanken des Begriffs. Die Ausdrücke „collektiv" und „gesammt" drücken eine besondere Verbindung des Handelns Mehrer aus, und um eine solche handelt es sich bei dem Collektiv- oder Gesammtakt.

IV. Ich hebe zunächst, um den zu inaugurirenden Rechtsakt zu kennzeichnen, ein äusserliches Merkmal hervor. Es ist der Umstand, dass in die Figur des Gesammtaktes eine beliebige Mehrzahl von Theilnehmern eintreten kann. Dies unterscheidet den Gesammtakt von den häufigsten Fällen des Vertrags, denn der Vertrag, auch der synallagmatische Vertrag, ist seiner Natur nach auf zwei Parteien, die einander gegenüberstehen, angelegt und beschränkt. Ich hebe dies hier hervor, um auch an diesem Punkte des Systems zu zeigen, dass unsere Theorie noch recht unvollkommen in der Construktion und Distinktion der Rechtsakte ist. Sie behandelt den Gesellschaftsvertrag schlank und flach mitten unter den onerosen Verträgen — im Gemisch mit

---

[1] Vgl. dazu HGB. A. 100.

den synallagmatischen Verträgen —, ohne zu beachten, dass der Begriff der Gesellschaftsverträge eine ganz selbständige Kategorie von Verträgen neben den zweiseitigen Verträgen darstellt, welche ihrer Natur nach auf zwei Parteien zugeschnitten sind. Die Gesellschaftsverträge gehören nicht zu den zweiseitigen Verträgen, sondern bilden eine parallele Linie oder Serie; man muss zweiseitig und mehrseitig angelegte oder kurz: dualistische und pluralistische Verträge unterscheiden. Nur die ersteren sind synallagmatischer Natur, beruhen auf dem Aequivalentsgedanken und bezwecken den Austausch von Verkehrswerthen. Ganz anderer Art ist das *onus*, welches dem Gesellschaftsvertrag eignet,[1] denn hier soll kein Austausch stattfinden,[2] sondern ein gemeinsamer Erfolg erzielt werden, welcher möglicherweise gar nicht einmal den Gesellschaftern zu Gute kommt.

V. Ich erwähne hier diesen Punkt nicht bloss, um zu zeigen, wie unvollkommen noch unsere Theorie vom Rechtsakt ist, sondern zugleich, um den Gesammtakt zu kennzeichnen, welcher gleichfalls pluralistisch angelegt und insofern dem Gesellschaftsvertrag besonders ähnlich ist, aber um so schärfer von ihm getrennt gehalten werden muss. Sehr einfach ist es, den Gesammtakt vom Vertrag zu unterscheiden, wo jener als einseitiger Rechtsakt auftritt, z. B. ein Gesammtprotest; schwieriger schon, wo er als synallagmatischer Vertrag auftritt; am leichtesten aber kann vor dem ungeschärften Blicke der Gesammtakt mit dem Gesellschaftsvertrag verschwimmen, und gerade an diesem Verschwimmenlassen laborirt unsere Doktrin.

---

[1] Ich habe darauf in meinem Cursus d. R. R. (2. Aufl. § 692) hingewiesen, auch Baron, Pand. § 215 unterscheidet zwischen Austausch- und Gemeinschaftsverträgen.

[2] Jeder Socius soll eine Leistung machen, aber nicht an den anderen Socius, sondern beitragen zu einem gemeinsamen Resultate, welches meist freilich, aber nicht immer, dem Vermögen der Socii selbst zu Gute kommt.

Wenn wir den Ausdruck „synallagmatischer Vertrag“ den Aequivalentsgeschäften — wie es richtig ist — vorbehalten, so kann für die Gesellschaftsgeschäfte, um ihr Wesen zu bezeichnen, der Ausdruck „synergischer Vertrag“ gewählt und gesagt werden: der synallagmatische Vertrag ist auf den Parteidual, der synergische Vertrag auf den Parteiplural angelegt. Auch der Gesammtakt kann als das Handeln Zweier oder Mehrer auftreten, er verhält sich also insofern der Zahl der Subjekte gegenüber in begrifflicher Hinsicht gleichgiltig und geht ganz seine eigenen Wege. Ob und wie er sich in *concreto* mit dem einseitigen Rechtsakt, mit dem synallagmatischen, endlich mit dem synergischen (oder Gesellschafts-) Vertrag verbinden und verschränken kann, werden wir unten sehen. —

Bevor auf der vorläufig markirten Linie weiter gegangen wird, sollen die Erscheinungen vorgeführt werden, welche uns das Leben für unser Thema darbietet. In welchen Anwendungen tritt unser Begriff auf? Es sind grösstentheils ganz bekannte Erscheinungen, sie sind nicht aus irgend welchem Versteck hervorzuziehen. Es ist auch keine erschöpfende Aufzählung hier erstrebt, ich erwarte vielmehr, dass noch mancher Fall, der hinzugehört, aufgegriffen werden wird. Aber die im Folgenden gelieferte Aufzählung wird genügen, um unserer Untersuchung festen Boden zu schaffen.

§ 2.

II. Das Material.

I. Römisches Recht.

1) Mehrere Miteigenthümer eines Grundstücks bestellen an diesem eine Servitut, indem jeder von ihnen den Bestellungsakt mit dem betreffenden Nachbar vollzieht. Fr. 18. *communia praed.* (8, 4).

2) Mehrere Miteigenthümer eines Grundstücks lassen sich zu Gunsten ihres (gemeinsamen) Grundstücks am Nachbargrundstück eine Servitut bestellen. Fr. 18. cit.

3) Mehrere Miteigenthümer zweier Grundstücke legen bei der Veräusserung des einen Grundstücks entweder diesem oder aber dem anderen (zurückbehaltenen) eine Servitut zu Gunsten des zurückbehaltenen oder aber des veräusserten Grundstücks auf. Fr. 6. § 2. eod.

4) Mehrere *condomini* eines Sklaven vollziehen an demselben den Freilassungsakt. Fr. 6. 15. § 2. de manumissis vindicta (40, 2); fr. 3. § 4 de legit. tutor. (26, 4); fr. 8. pr. de her. inst. (28, 5).

5) Bei der *redemtio nummis servi (ex constitutione Div. Fratrum)* übernehmen mehrere Vermittler zusammen die *redemtio.* Fr. 4. § 13. de manumiss. (40, 1).

6) Mehrere *condomini* eines Sklaven ertheilen alle zusammen oder jeder für sich diesem den Befehl, die ihm angetragene Erbschaft anzutreten. Fr. 68. de hereditate (29, 2).[1]

7) Wenn mehrere Collegatare oder mehrere Erben eines Legatars das Wahlrecht (*optio*) haben, so üben sie dasselbe in Gemeinschaft aus, indem sie sich über den zu wählenden Gegenstand verständigen. § 23. J. de legatis (2, 20). Dazu fr. 84. § 13. de legat. I.

8) Wenn mehrere *magistri naves* mit der üblichen Klausel, *ne alter sine altero quid gerat,* d. h. collektivisch angestellt sind, so kommen die von ihnen zu vollziehenden Rechtsgeschäfte durch gemeinsames Handeln zu Stande. Fr. 1. § 14. de exerc. act. (14, 1).

9) Ebenso wenn der Geschäftsherr mehrere *institores* mit der *conditio praepositionis* angestellt hat, dass *cum omnibus simul* contrahirt werde, so kann der Einzelne nicht den Herrn ver-

---

[1] Vgl. dazu Salkowski, Sklavenerwerb. (1891.) S. 8.

pflichten, sondern Alle müssen an dem Contract theilnehmen. Fr. 11. § 5. De instit. act. (14, 3).

II. Deutsches Recht.

10) Mehrere übernahmen eine Bürgschaft zu gesammter Hand („geloben mit gesammter Hand“, d. h. nach der Auffassung des Sachsenspiegels), gleichsam wie eine Person.[1] Dieser Gesammtverbürgung stand gegenüber das „schlichte Geloben“, welches jeden nur antheilig verpflichtete.[2] Es scheint, dass ursprünglich dieser Gesammtakt seine Symbolik hatte, indem die Theilnehmer sich anfassend eine Kette, d. h. eine Einheit bildeten (*manuum appositio s. injectio*), daher das Verhältniss als *conjuncta* oder *par manus* bezeichnet wurde.[3]

11) Mehrere traten in Besitz und Genuss des Lehns zu ungetheilter Gemeinschaft ein, indem sie bei der Hulde ihre vereinigten Hände in die des Herrn legten: Belehnung zur gesammten Hand.[4]

III. Handelsrecht.

12) Wenn mehrere Prokuristen auf Collektiv-Prokura angestellt sind, so haben sie Urkunden für das Geschäft durch Unterschrift Aller zu vollziehen. HGB. A. 44. Abs. 2.

13) Wenn mehrere Gesellschafter in der offenen Handelsgesellschaft mit der Geschäftsführung collektivisch betraut sind, können sie die Rechtsgeschäfte für die Firma nur in Gemeinschaft ausüben. HGB. A. 86. a. E. und A. 100.

---

[1] Sachs. Sp. III. 9. § 2. Verm. Sachs. Sp. III. 12. § 9.

[2] Stobbe, Zur Geschichte d. deutschen Vertragsrechts. (1855.) S. 140—142. 155. 160.

[3] Stobbe l. c. S. 148. A. 2.

[4] Homeyer, System d. Lehnrechts, S. 327. 457. Schröder, Lehrb. d. deutschen Rechtsgesch. (1889.) S. 389.

14) Die Mitglieder des Vorstandes einer Aktiengesellschaft haben „sämmtlich“ die der Gesellschaft geltenden Rechtsgeschäfte (durch Zeichnung) zu vollziehen. HGB. A. 229.[1]

15) Die Gründer einer Aktiengesellschaft rufen durch gemeinsamen Akt, z. B. in der constituirenden Generalversammlung, die juristische Person, welche dann selbständig ihre Rechte und Pflichten hat, ins Leben. HGB. A. 209 d. 210 a.

IV. Bürgerliches Recht.

16) Mehrere Personen gehen behufs Errichtung einer Stiftung gemeinsam vor.

17) Mehreren Bevollmächtigten ist Collektivvollmacht ertheilt, kraft deren sie nur in gemeinsamen Rechtsakten den Vollmachtgeber vertreten können.

18) Sind für dieselbe Erbschaft mehrere Testamentsvollstrecker ernannt, so kann deren Vollmacht collektivisch gestellt sein, sodass sie nur gemeinschaftlich handeln können. Nach dem Reichsentwurf (§ 1893) ist im Zweifel Collektivvollmacht anzunehmen.

19) Hat Jemand Niessbrauchsrecht an einer auf Zinsen ausstehenden Forderung, so haben Gläubiger und Niessbraucher, wenn dem Schuldner gekündigt werden soll, gemeinsam zu handeln. Reichsentw. § 1033. 1036.[2]

20) Hat Jemand Pfandrecht an einer Forderung, so haben Gläubiger und Pfandberechtigter bei der Kündigung gemeinsam zu handeln. Reichsentw. § 1217.

---

[1] Vgl. Entwurf eines bürgerl. Gesetzb. f. d. deutsche Reich, § 44 Abs. 5.

[2] Dazu Motive V. S. 556—558.

V. Staatsrecht.

21) Nach altem Staatsrecht der Römer mussten beim Zustandekommen eines Gesetzes Magistrat und Comitien mitwirken. Der Magistrat schlug vor, die Comitien beschlossen und der Magistrat verkündete den Beschluss.

22) Aehnlich verhält es sich mit den constitutionellen Gesetzen unserer Zeit, welche durch ein Zusammenwirken von Regierung und Volksvertretung zu Stande kommen.

23) Auf gleicher Linie stehen die staatsrechtlichen Wahlakte, welche nach altrömischem Recht durch Zusammenwirken von Magistrat und Comitien, nach dem Recht des Mittelalters durch die sieben Kurfürsten zu Stande kamen.

24) Ein politischer Schöpfungsakt allergrössten Styls ist die Errichtung eines Bundesstaates. Wenn dieser nicht durch die Autorität eines Siegers im Krieg,[1] sondern durch den Zusammentritt der in den neuen Organismus eintretenden und ihn nun bildenden Staaten zu Stande kommt, so liegt ein Fall vor, welcher durchaus einer Collektivstiftung (s. oben sub 16) gleichartig ist. Der Bundesstaat entsteht durch einen Gesammtakt, während die Schliessung eines Staatenbundes unter den Vertragsbegriff fällt.

§ 3.

III. Das Problem in der Doktrin.

I. Ich greife vorbereitungsweise zwei der wichtigsten Erscheinungen heraus, um an ihnen das dringende Bedürfniss des neuen Rechtsbegriffs aufzuzeigen: die Aktiengesellschaft und den Bundesstaat. Sie geben mir Anlass, einen Blick auf die bisherige Literatur zu werfen, die im Uebrigen

[1] Was recht wohl denkbar ist (Rheinbund?).

wenig Ausbeute liefert. Diese Schweigsamkeit gewährt mir den Vortheil, dass ich meine Abhandlung nicht anschwellen zu lassen brauche durch Aufführung und Beleuchtung maassgebender und nicht maassgebender Schriftsteller und mir nicht erst durch ein Gedränge von Personen den Weg zur Sache zu bahnen habe. Nur Weniges finde ich in der Literatur, was hier zu berühren ist. Es betrifft die Entstehung der Aktiengesellschaft und des Bundesstaates: Erscheinungen von der allergrössten Tragweite, jene im Privat-, diese im Staatsrecht, Schöpfungen einer neuen Rechtssphäre: einer juristischen, einer staatlichen Persönlichkeit, deren Zustandekommen eine Reihe von Stadien zu durchlaufen pflegt. Die Construktion dieses Schöpfungsverlaufs ist unser wissenschaftliches Problem.

II. Ich führte vor 30 Jahren in einer Abhandlung über Prinzip und System der Handelsgesellschaften[1] aus, dass man bei der juristischen Construktion der entstehenden Aktiengesellschaft nicht mit dem Vertragsbegriff auskomme, wenn die Aktiengesellschaft eine juristische Person sei. Die Gründung einer Aktiengesellschaft sei die Schöpfung einer juristischen Person, eine Stiftung. „Stiftung ist ein allgemeiner Rechtsbegriff: im Privatrecht die Schöpfung einer Vermögenssphäre, Zeugung einer juristischen Person durch einen solennen Willensakt derjenigen einzelnen Person oder derjenigen zu diesem Behufe zusammentretenden Personen, welche der zu schaffenden Persönlichkeit zugleich eine ökonomische Ausstattung mitgeben. Der Wille, welcher sich hierbei ausspricht und bethätigt, haucht der Anstalt ihre Seele ein, ruft sie in's Leben und wirkt als gestaltendes Prinzip fort in dem Statut, zu welchem der Stiftungswille sich im entscheidenden Augenblicke formulirt hat .... Ob das ein einzelner oder ein Collektivwille ist, gilt gleichviel.“ Man könne, fügte ich hinzu,

---

[1] In Goldschmidt's Zeitschr. f. Handelsr. VI. (1863.) S. 230—233.

die Gründung einer Aktiengesellschaft „als eine collektive Stiftung, als eine Gesammtstiftung“ auffassen. „Dem Stiftungswillen, in welchem die Unternehmer sich im Augenblicke der Stiftung durch Mehrheitsbeschluss vereinigen, wohnt dieselbe Zeugungskraft inne, wie dem Stiftungswillen eines einzelnen Individuums.“

Witte[1] umgeht bei seinem Versuche, die Entstehung der Aktiengesellschaft zu construiren, unsere Frage. Er versteht die Vorstufe der Gründung als eine Societät der Zeichner, lässt durch diese die juristische Person entstehen und mit diesem Entstehen Rechte und Verbindlichkeiten zwischen der Aktiengesellschaft und den Aktionären begründet werden, allein über die Natur des Gründungsaktes selbst schweigt er; auch in den folgenden Worten findet sich keine Andeutung darüber: „Sobald alle Voraussetzungen für die Existenz des Vereins zusammentreffen, derselbe also ins Leben getreten ist, erscheint er auch schon als Schuldner der Aktionäre, deren Einzahlungen resp. übernommene Verpflichtungen sein Vermögen constituirt haben. Es bleibt also nichts übrig, als die Forderung der Aktionäre auf die Thatsache selbst zurückzuführen, dass aus ihren Mitteln die Grundlage für das künstliche Subjekt geschaffen ist, dass dieses unter bestimmten Modalitäten Theile ihres Vermögens erworben hat. *Re contrahitur, non consensu.*“ Offenbar meint Witte in diesem Schlusswort nicht die Abschliessung eines Realcontrakts, sondern eine *ipso jure* entstehende Obligatio, eine Rechtsveränderung derselben Art, wie sie in der fingirten Cession enthalten ist, welche er betreffs der auf die Aktiengesellschaft übergehenden Rechte aus der Zeichnung annimmt.

Primker,[2] welcher sich gründlich abmüht, die Entstehung der Aktiengesellschaft klar zu legen, verwirft sowohl meinen

[1] In Goldschmidt's Zeitschr. f. Handelsr. VIII. (1865.) S. 23—25.
[2] In Endemann's Handb. d. deutsch. Handels-, See- u. Wechselr. I. (1881.) S. 526.

als Witte's Gedanken, mengt aber recht verschiedene Begriffe durcheinander, wenn er sagt: „Das Rechtsverhältniss der Aktiengesellschaft ist kein einseitiges Rechtsgeschäft wie z. B. Stiftung, sondern ein Vertrag, und zwar ein obligatorischer, kein Realvertrag.“ Ein Rechtsgeschäft aber ist doch nicht ein Rechtsverhältniss; nicht um eine Obligatio kann es sich handeln, wenn ein Gründungsakt in Frage ist; und was denkt sich Primker hier unter Realvertrag, den er verneint? Er begnügt sich mit einer Negative, und statt den rechtlichen Gründungsvorgang zu construiren, beschreibt er ihn bloss möglichst ausführlich.

Dass von Anderen der Stiftungsgedanke aufgegriffen und verwerthet worden sei, ist mir nicht bekannt, dagegen treffe ich ganz verwandte Anschauung neuerdings im Gebiete des Staatsrechts.

III. Binding hat dieser Anschauung in seiner Abhandlung über die Gründung des norddeutschen Bundes[1] Ausdruck gegeben, auf den Unterschied zweier Typen von Willenseinigung: Vertrag und Vereinbarung, hingewiesen und über die „maasslose Ausdehnung des Vertragsbegriffs“ geklagt. Der Vertrag sei Willensbindung, die Vereinbarung sei Willenseinigung; im Vertrag ergänzten einander zwei Willen verschiedenen Inhalts, in der „Vereinbarung“ verschmölzen mehrere inhaltlich gleiche Willen zu einem Gesammtwillen. So kämen collegiale Gerichtsurtheile, Kammerbeschlüsse, constitutionelle Gesetze durch Vereinbarung zu Stande, auch der norddeutsche Bund sei „vereinbarte“ Schöpfung; Binding nennt eine Verfassung, wie die dieses Bundes, „paktirte“.

Nicht Alles ist damit klar gestellt. Ist der „Vertrag“ nicht gleichfalls eine Willenseinigung, und worin liegt der mysteriöse Grund der Rechtsgültigkeit des neugeschaffenen

---

[1] In der Festgabe der Leipziger Juristenfakultät zu Windscheid's Doctorjubiläum. (1888.) S. 69 ff.

Bundesstaats? Auf dieser Linie muss weiter gearbeitet werden. Wir erkennen das sogleich an Rehm's Kritik,[1] welcher auch den Vertrag als Willenseinigung versteht und dann sagt: „Dürfte die Unterscheidung Binding's (Vertrag und Vereinbarung) sich nicht auf den Gegensatz von Austausch- und Gemeinschaftsverträgen zurückführen, je nachdem die Willensübereinkunft dem Ausgleich entgegengesetzter oder der Erreichung coincidirender Interessen dient?" Rehm will also die „Vereinbarung" wieder in das Prokrustesbett des Vertragsbegriffs zurückschrauben und, wie es scheint, mit dem Societätsvertrag identificiren.

Trieps[2] hat sich der von Binding aufgeworfenen Frage entzogen. Er begnügt sich, indem er (ganz richtig) die Errichtung eines Bundesstaates als Schöpfung eines neuen Rechtssubjekts bezeichnet und die Zulänglichkeit der Annahme eines Gesellschaftsvertrags verneint (S. 22. 35), zu sagen, diese Schöpfung erscheine „nicht als ein rechtlicher, sondern als ein politischer und damit thatsächlicher Akt, der folgeweise nicht auf Rechtsgründe, wie Vertrag oder Gesetz, zurückgeführt werden kann." (S. 85.) Er schliesst sich mit diesem Gedanken an Schulze[3] an und bringt den Vorgang, soweit er ihm rechtliche Substanz zu haben scheint, in den Rahmen eines an die Schöpfung sich anschliessenden und mit ihr untrennbar verbundenen Veräusserungsvertrags. (S. 27. 36. 87. 88. 94.) Ja, eine Veräusserung liegt vor, aber ein Vertrag? mit wem? Trieps sieht richtig, dass es nicht ein Vertrag unter den sich zusammenschliessenden Einzelstaaten sein kann, er meint: ein Vertrag mit dem neuen Staatswesen. Allein dieses kommt eben erst zur Entstehung. Der Vertragsbegriff

---

[1] In der Krit. Vierteljahrsschrift. Bd. 33. (N. F. Bd. 14.) 1891. S. 379.

[2] Das deutsche Reich und die deutschen Bundesstaaten in ihren rechtlichen Beziehungen. (1890.)

[3] Einleitung i. d. deutsche Staatsrecht, S. 156. 205. Anm. 1: „ein einmaliger historischer Akt".

ist hier gar nicht am Platze, man mag nun den Vertrag mit Trieps einen dinglichen nennen oder anders.

IV. Deutlich unterscheidet Bekker[1] von den Verträgen „andere mehrseitige Rechtsgeschäfte," von welchen er bemerkt: „Wenn die Mitglieder eines Majoritätsverbandes durch ihre übereinstimmenden Willenserklärungen beschliessen, so besteht deshalb ein Vertragsverhältniss unter ihnen nicht, so wenig wie unter zwei Miteigenthümern, die ohne vorhergehende bindende Einigung unter sich übereinstimmende Dispositionen, Freilassung, Belastung des Grundstücks u. s. w. treffen." Bedenklich ist es freilich, wenn Majoritätsbeschlüsse ohne Weiteres als vornehmstes Beispiel für den vom Vertrag abgesonderten Begriff genannt werden, aber richtig ist die Bemerkung, dass die mehreren Theilnehmer sich nebenbei vertragsmässig binden können.

L. Seuffert[2] stimmt der Bekker'schen Unterscheidung bei und lehnt bloss die Verwendung des Ausdrucks „zweiseitige Rechtsgeschäfte" für den neuen Begriff ab, indem er sagt: „Das scheint mir unserem Sprachgebrauch zu widerstreben, der in diesen Fällen eine Mehrheit von einzelnen rechtsgeschäftlichen Handlungen annimmt, deren jede für sich einen gewissen Rechtserfolg und die zusammengenommen wieder einen combinirten Erfolg bewirken."

Weder an die Gründung einer Aktiengesellschaft, noch an die Errichtung eines Bundesstaates ist hier gedacht, Bekker berührt nur den möglichen Fall, dass eine Stadt eine Stiftung macht, über welche Magistrat und Stadtverordnete sich zu einigen haben; auch solche Stiftung bleibe ein einseitiges Rechtsgeschäft. Eine richtige Bemerkung, die aber in einen grösseren Zusammenhang gehört, wie er in § 2 durch Aufzählung vieler Beispiele angedeutet ist.

---

[1] System d. heut. Pandektenr. II. (1889.) § 94. A. b. und Beilage I. (S. 85, 87.)

[2] Krit. Vierteljahrsschr. Bd. 33. (N. F. Bd. 14.) 1891. S. 609.

§ 4.

IV. Der neue Rechtsbegriff.

I. In der Einleitung hatte ich zunächst den neuen Begriff nur an der Aussenseite angefasst, indem ich sagte, dass er pluralistischen Zuschnitt habe und folglich sich der Zahl der betheiligten Subjecte gegenüber gleichgültig verhalte. Nicht bloss zwei, sondern ebensogut zehn oder hundert können an einem Gesammtakt betheiligt sein, ohne dass er dadurch begrifflich alterirt würde. Diese numerische Gleichgültigkeit des Gesammtaktes hängt mit seinem Wesen zusammen.

Die Gesammtaktbetheiligten stellen sich nicht, wie die Vertragsparteien, einander gegenüber, sondern neben einander. Sie kommen zwar auch von individuellen, aber nicht von entgegengesetzten, sondern von entsprechenden oder gleichartigen Ausgangspunkten her, nehmen also nicht den Parteistandpunkt ein, d. h. sie stehen nicht von vornherein in einem Kampf der Interessen, der erst im Vertragsschluss zur Ruhe kommt, sondern sie haben einen gemeinsamen, ja identischen Ausgangspunkt, sie gehen von Anfang an Hand in Hand oder wenigstens, es liegt in ihrem Wollen und Streben nichts, was dem entgegenstände, dass sie ganz Hand in Hand gehen. Selbst beim Abschluss eines Gesellschaftsvertrages — der doch dem Gesammtakt am ähnlichsten ist — sucht jeder der Gesellschafter sich eine möglichst günstige Position (auf Kosten der anderen) zu schaffen, und insofern widerstreben die Willen sich gegenseitig. Wo oder soweit aber ein Gesammtakt in Frage ist, fehlt solches Widerstreben, das Streben der Gesammtaktbetheiligten ist durchaus im Einklang, z. B. die mehreren Theileigenthümer wollen an ihrem Grundstück (*praedium serviens*) oder aber ihrem Grundstück (*praedium dominans*) eine Servitut begründen. Alle haben denselben Willen der Servitutbegründung, jeder zu seinem Antheil nur, aber in voller Uebereinstimmung. Ebenso wenn die mehreren Theileigenthümer die *actio finium regundorum* gegen den Nachbar anstellen; dann sind sie dem Nachbar gegenüber, aber nicht untereinander, Parteien, und Paulus sagt von den Theileigenthümern (*socii*): *non adversarii esse possunt, sed unius loco habentur*;[1] d. h. sie bilden zusammen Eine Partei. Bei dem Vertrag ist das Zusammenwirken ein ungleichartiges, bei dem Gesammtakt ein ganz gleichartiges.

II. Vertrag und Gesammtakt haben etwas gemein: sie zielen auf Vereinigung mehrer Willen. Auch der Vertrag thut dies, denn z. B. beim Tausch oder Kauf einigen sich Geber und Nehmer in dem Willen des Eigenthumsübergangs, beim obligatorischen Vertrag einigen sich Zusagender und Acceptant in dem Willen der Obligationsbegründung (zwischen Beiden), beim liberatorischen Vertrag einigen sich Gläubiger und Schuldner in dem Willen der Aufhebung ihrer Obligatio. Demgemäss ist es uns in der Redeweise ganz geläufig, von zwei Vertragsparteien zu sagen: sie haben sich geeinigt.

Nicht in der Willenseinigung also liegt das Vertragskriterium gegenüber der Einigung anderer Art, sondern in der Art und Wirkung der Willenseinigung. Diese ist im Vertrag eine solche, dass die Willen der Parteien nicht bloss in demselben Ziel zusammentreffen, sondern sich zu diesem Zwecke in einanderschlingen und verketten, zusammen eine lebendige Einheit bilden, als wären sie mit einander verwachsen, jeder Wille dem anderen unterworfen und kein Wille einseitig wieder lösbar. Nur als Willensbindung hat diese Willenseinigung einen Sinn, ohne Willensbindung würde sie ihr Ziel nicht erreichen, denn bei Rücktrittsfreiheit bliebe das Ziel prekär; ein Ziel, welches wieder entschlüpfen kann, ist eben nicht erreicht.

---

[1] Fr. 4. § 7. fin. regund. (10, 1).

Die Willenseinigung ist dem Gesammtakt wie dem Vertrag eigen, sie kann folglich nicht das Kriterium bilden, sondern die Willensbindung muss es sein, die dem Vertrag specifisch ist; dem Gesammtakt (als solchem) ist das Moment der Willensbindung fremd, dem Vertrag kann sie nicht fehlen, nur durch Willensbindung entsteht ein Vertrag. Dies gilt auch vom Vertrag zu Gunsten Dritter; er ist Vertrag nur, wenn es die Absicht der Parteien ist, die Willen zu binden, so dass dem Versprechenden der einseitige Rücktritt benommen ist.

III. Der Vertrag zu Gunsten Dritter hat nur insofern eine Besonderheit, als er sich in Einer Beziehung dem Gesammtakt annähert und vom gewöhnlichen Vertrag entfernt. Er zielt auf eine Rechtswirkung ausserhalb der Vertragschliessenden. Dies hat er mit dem Gesammtakt gemein.

Der Gesammtakt unterscheidet sich nämlich vom gewöhnlichen Vertrag durch den Willensinhalt. Er zielt auf eine Rechtswirkung ausserhalb der Betheiligten, während der Vertrag — mit Ausnahme des Vertrags zu Gunsten Dritter — eine Rechtswirkung unter den Parteien bezweckt. Beispiele: a) die mehreren Miteigenthümer wollen eine Servitut nicht unter sich, sondern einem Dritten gegenüber begründen (Gesammtakt), dagegen zwei Nachbarn wollen nicht einem Dritten gegenüber, sondern unter sich eine Servitut schaffen (Vertrag). b) Die Stifter eines Bundesstaates wollen ein (neues) Staatswesen, welchem jeder einzelne von ihnen eingegliedert ist, schaffen (Gesammtakt), dagegen die einen Staatenbund Eingehenden wollen unter sich ein staatsrechtliches Band (mit Rechten und Pflichten) erzeugen (Vertrag). Also im Inhalt und Ziel gehen der Wille der Vertragsparteien und der Wille der Urheber des Gesammtaktes auseinander. Der Vertrag zielt nur ausnahmsweise (Vertrag z. G. Dr.[1]), der Gesammtakt

[1] Er ist eigentlich eine Abnormität im Vertragsgebiet.

stets und wesentlich über den Rechtskreis der Betheiligten hinaus.

IV. Gesammtakt und Vertrag sind also zweierlei, aber sie sind sich nicht entgegengesetzt, feindlich oder unvereinbar, vielmehr combinirbar, in verschiedener Weise können sie eine Verbindung eingehen und sich associiren; aber auch das einseitige Rechtsgeschäft kann die Gestalt des Gesammtakts annehmen.

1) Mehrere in untrennbarer Rechtslage Befindliche vereinigen sich zu einem Collektivprotest. Protestation ist ein einseitiges Rechtsgeschäft, aber es tritt hier als Gesammtakt auf.

2) Mehrere Miteigenthümer schliessen mit ihrem Nachbar einen Servitutvertrag; hier tritt ein Vertrag als Gesammtakt auf, indem die Miteigenthümer zusammen die eine Vertragspartei bilden, und ihnen der Nachbar allein als die andere Partei gegenübersteht.

3) Die zwei Nachbargrundstücke stehen jedes im Miteigenthum Mehrer; indem diese mit einander einen Servitutvertrag eingehen, kommen auf beiden Seiten Gesammtakte zu Stande.[1]

Wenn Mehrere collektivisch, z. B. zwei Collektivprokuristen einen Wechsel Namens ihrer Firma abgeben, so werden die Vertreter der Creationstheorie in diesem Gesammtakt ein einseitiges Rechtsgeschäft, die Vertreter der Vertragstheorie einen Vertrag erblicken; die Theorie des Gesammtakts präjudicirt also jener Streitfrage in keiner Weise.

V. Endlich ist darauf aufmerksam zu machen, dass auch in folgender Weise Gesammtakt und Vertrag zusammentreffen, d. h. verbunden werden können. Die, welche den Gesammtakt beabsichtigen, verpflichten sich dazu zum Zweck der Sicherung des Zustandekommens des Gesammtaktes. Dies

---

[1] Vgl. unten § 6.

kann stattfinden sowohl bei einseitigen als zweiseitigen Rechtsgeschäften, wenn sie als Gesammtakte geplant sind. Auch hier haben wir mit einem Additionsexempel zu thun; der Gesammtakt trifft dann nicht innerlich, aber äusserlich mit dem Vertrag zusammen, und der Fall ist ein Vertrag über Vollziehung eines einseitigen oder eines zweiseitigen Gesammtaktes.

Der Unterschied zwischen den Vertragsfällen sub IV und V ist der, dass im erstern Fall (IV) der Vertrag sich aus Gesammtakten zusammensetzt, im zweiten Fall (V) ein Vertrag sich zum Gesammtakt hinzugesellt, indem er ihn vorbereitet. Dort gehört der Gesammtakt zu den Bestandtheilen des Vertrags, hier dagegen erscheinen Gesammtakt und Vertrag als getrennte Grössen, die nur eine freie, äusserliche Verbindung eingehen.

VI. Ich fasse das Ausgeführte zusammen, um eine Definition zu gewinnen. Der Gesammtakt ist ein Rechtsgeschäft, sei es ein einseitiges oder ein zweiseitiges. Er ist ein Zusammen- oder Nebeneinanderhandeln Mehrer zur Erzielung einer einheitlichen Rechtswirkung im Verhältniss zu Dritten, um ein Rechtsgeschäft Dritten gegenüber oder mit Dritten zu Stande zu bringen, welches nur durch Mitwirkung dieser Mehreren zu Stande kommt. Er ist ein Rechtsgeschäft, an welchem Mehrere sich betheiligen, ohne sich gegenseitig zu binden, aber um eine von Allen gewollte einheitliche Gesammtwirkung Dritten gegenüber hervorzubringen. Er ist eine rechtsgeschäftliche Betheiligung Mehrer, welche nicht als Parteien sich gegenüberstehen, sondern zusammen Eine Partei bilden, oder ein Rechtsgeschäft, an welchem sich mehrere Personen als eine Partei, oder (wenn ein Vertrag beabsichtigt ist) zusammen auf der Einen Seite betheiligen. Die mehreren Theilnehmer stehen nicht als Parteien einander gegenüber, sondern sie verhalten sich als Parteigenossen zu einander. Vielleicht ist dieser Ausdruck geeignet, als Kunstausdruck in unsere juristische Terminologie eingeführt zu werden; bei der Belehnung zur gesammten Hand findet sich der Ausdruck „Gemeiner“ für die Gesammtbelehnten,[1] man kann also zwischen Parteigenossen und Gemeinern wählen; der erstere Ausdruck ist begrifflich deutlicher, der andere kürzer. Auch an die Ausdrücke „Miturheber“ und „Gehülfen“ könnte gedacht werden, doch möchte es gerathen sein, diese dem Strafrecht vorzubehalten.

[1] Schröder, Lehrb. d. deutschen Rechtsgesch. S. 390.

Zweiter Abschnitt.

Eintheilung der Gesammtakte.

§ 5.

I. Aequale und inäquale Gesammtakte.

I. Die zur Erzielung einer Rechtswirkung erforderliche Willenserklärung Mehrer als Einer Partei kann verschieden geartet sein, je nachdem alle Theilnehmer prinzipal mitwirken, d. h. den Vollzug des Rechtsaktes unmittelbar mit verwirklichen helfen, oder aber ein Theilnehmer nur accessorisch mitwirkt, der Andere allein den eigentlichen Vollzug verwirklicht. Ich will den ersteren Fall als äqualen, den zweiten als inäqualen Gesammtakt bezeichnen. Lieber wäre es mir freilich, wenn der Ausdruck „Gesammtakt" für den ersten Fall ausschliesslich vorbehalten bliebe, denn die Beispiele des zweiten Falls sind sehr verschieden geartet, und in manchen Erscheinungen dieser Art kann nicht wohl von einem Zusammenhandeln geredet werden, sondern nur Einer ist der Handelnde. Aber wie soll der zweite Fall genannt werden? Drei Worte scheinen sich dazu darzubieten: Einwilligung, Zustimmung, Genehmigung; auch das Wort Beitritt scheint sich zu empfehlen; aber alle haben keinen technischen Sinn, und werden selbst im neuen Reichsentwurf ohne scharfe und consequente Unterscheidung gebraucht. Ich bleibe daher bis auf Weiteres dabei, mich des Ausdrucks „inäqualer Gesammtakt“ zu bedienen.

II. Die accessorische Mitwirkung kann verschiedener Art sein. Zunächst denken wir dabei an die römischen Typen: tutorische *auctoritas* und curatorischer *consensus*. Wo diese beiden in Frage kommen, vollzieht der Bevormundete die beabsichtigte Handlung, das feierliche oder unfeierliche Rechtsgeschäft, und der Vormund tritt nur ergänzend hinzu. Aber wie? Anders der *tutor*, anders der *curator*, denn jener betheiligt sich unmittelbar am Vollzug des Rechtsgeschäfts, dieser aber nicht. Das *interponere* drückt die unmittelbare Mitwirkung des *tutor* bezeichnend aus, und in dem Worte *auctoritas* liegt ebenso die Vorstellung der Miturheberschaft; die *auctoritatis interpositio s. accommodatio* ist wirklich ein (wenn auch nur sekundäres) Zusammenhandeln mit dem *impubes*. Aber die Consensertheilung seitens des *curator minoris* ist nur eine Berathung und Billigung; an dem beabsichtigten Rechtsgeschäft selbst nimmt der *curator* nicht Theil: der *curator* braucht nicht gegenwärtig, der *consensus* nicht gleichzeitig zu sein.

Mehrere Fälle der rechtsgeschäftlichen Mitwirkung finden sich sonst noch im Familienrecht.[1] Indem die *lex Julia* (*de fundo dotali*) bestimmte, *ne dotale praedium maritus invita uxore alienet*,[2] forderte sie zu wirksamer Veräusserung die eheweibliche Consenserklärung. Stand bei Beendigung der Ehe die Ehefrau noch in der *patria potestas*, so konnte der Gewalthaber die Restitution der *dos profecticia* nur *consensu filiae* einklagen oder sich auszahlen lassen.[3] Zum Eintritt in einen Process über Adventizgut soll der Vater den Consens des Sohnes einholen,[4] anderseits bedarf der Sohn zur Ver-

---

[1] Vgl. auch fr. 16. de manumiss. (40, 1).

[2] Paul. Sent. II, 21. B. § 2. Gai. 2, 63.

[3] Fr. 2—4. sol. matr. (24, 3). Dazu fr. 22. § 1. 4. 5. cod.

[4] C. 8. § 3. *de bonis quae liberis* (6, 61).

äusserung oder Verpfändung von Adventizgut der Zustimmung des Vaters.[1]

Hierbei entsteht eine Frage, welche bei dem Gesammtakt im engern Sinne (äqualem Gesammtakt) nicht entstehen kann: was ist unter *consensus* oder *voluntas* (dies die Quellenausdrücke) zu verstehen? Auf diese Frage geht Ulpian[2] bei dem Falle der Rückforderung der *dos* ein; er citirt Julian, welcher eine *furiosa filia* als consentirend behandelt, und ein Reskript Antonin's (?), welches annimmt, *filiam, nisi evidenter contradicat, videri consentire patri.* Ulpian fügt hinzu, abgesehen von dem Falle des *furor* sei erforderlich, dass die Tochter von der Rückforderungsabsicht des Vaters Kenntniss habe, um als nicht widersprechend angesehen werden zu können. Man erkennt hier die nur sekundäre Rolle, welche der *adjuncta filia* zugetheilt ist; der Consens verdünnt sich zu einem Nichtwidersprechen, und Ulpian motivirt Julian's Meinung mit den Worten: *ubi non potest* (*filia*) *per dementiam contradicere, consentire quis eam merito credet.*

III. Diese freie Auffassung des Consenses kann bei dem äqualen Gesammtakt nicht Platz greifen, denn es liegt in seinem Begriff, dass keiner der Theilnehmer blosser Adjunkt ist; jeder ist vielmehr principaler Mitwirkender. Ist der vorzunehmende Rechtsakt solenn organisirt, so hat jeder Mitwirkende die erforderliche Solennität zu vollziehen, und von einer Präsumtion oder Fiction des Consenses kann in keinem Falle die Rede sein. Von den sub II. aufgeführten Fällen kommt dem äqualen Gesammtakt am nächsten die *tutoris auctoritas;* sie stellt eigentlich einen Typus für sich dar, doch kann auch bei ihr gefragt werden, ob Stillschweigen, d. h. Nichtwiderspruch des beim Geschäft anwesenden *tutor* zur *interpositio auctoritatis* ausreichend ist.

---

[1] C. 8. § 5. cit.
[2] in fr. 2. cit. § 2.

Bei dem eigentlich äqualen Gesammtakt kommt natürlich nichts darauf an, wer von den Theilgenossen zuerst handelt; jeder steht den anderen gleich, darum kann jeder den Anfang oder den Schluss machen.

IV. Auch das secundäre Element des Gesammtaktes kann sich gesammtaktlich gestalten. Einen solchen Fall behandelt Paulus[1]:

Cum solus servus heres institutus sit, sicut licet uno tempore omnium dominorum jussu adire hereditatem, ita et separatis temporibus singulorum jussu recte adit; nam quia saepius adit, non ex testamento, sed ex jure dominorum venire utilitatis causa videtur, ne alterius festinatione alterius jus laedatur.

Der *jussus domini* bildet mit der *hereditatis aditio* des Sklaven einen Gesammtakt; den eigentlichen Akt hat der Sklave, welchem die Erbschaft deferirt ist, zu vollziehen, der *jussus domini* ist der hinzukommende Consens, welcher freilich, wie es scheint, vorausgehen musste, weil sonst die Wirkung der *aditio* in Schwebe geblieben wäre. Wie nun, wenn die *condomini* des Sklaven, jeder einzeln in Zwischenräumen, ihren Willen erklärten, und der Sklave sich beeilte, nach jedem *jussus* den Antritt vorzunehmen? Der Jurist antwortet: *utilitatis causa* sei mehrmaliger Antritt zuzulassen, und rechtfertigt das damit, dass der Antritt nicht einfach auf Grund des Testaments, sondern kraft Rechts der Herren geschehe. Paulus denkt sich also die Lösung so, dass durch den mehrmaligen Antritt immer der betreffende Herr zu seinem Antheil (*pro parte dominica*) die Erbschaft erwirbt.[2]

Mit dieser Behandlung hört freilich der *jussus dominorum* auf, ein Gesammtakt zu sein, denn jeder *jussus* hat nun seine getrennte Rechtswirkung. Die Erbschaft ist ja theilbar, und

---

[1] Fr. 68. de acq. her. (29, 2). Dazu Salkowski, Zur Lehre v. Sklavenerwerb. (1891.) S. 8. 9.

[2] Vgl. dazu fr. 67. eod.

mit Hülfe des Accrescenzrechts ist für die etwa vakant bleibenden Theile der Erbschaft gesorgt.

§ 6.

II. Einseitige und mehrseitige Gesammtakte.

I. Unter einseitigem Gesammtakt verstehe ich das Gebilde eines einseitigen Rechtsgeschäfts, welches sich aus der principalen Theilnahme Mehrer zusammensetzt.

1) Ein einfaches Beispiel ist die Protestation mehrer *condomini* gegenüber dem Vorgehen eines Nachbars, z. B. die *operis novi nuntiatio.*[1] Auch der römische Freilassungsakt ist dem Grundgedanken nach (wenn auch nicht formell die *manumissio vindicta*) ein einseitiger Rechtsakt, bei ihm können mehrere *condomini* mitwirken. Der *jussus adeundae hereditatis* an den zum Erben eingesetzten Sklaven ist ein einseitiger Rechtsakt und kann als Angelegenheit mehrer *condomini* in Frage kommen.[2] Ausübung eines Wahlrechts durch die mehreren Collegatare ist ein einseitiger Rechtsakt und wird als Gesammtakt verwirklicht.[3] Die Ausstellung, Indossirung, Acceptirung einer Tratte ist (meiner Auffassung nach) ein einseitiger Rechtsakt; wenn mehrere Collektivprokuristen ihn vornehmen, haben wir wieder einen Gesammtakt.

2) Ferner: Die Stiftung einer Anstalt, die Gründung einer Aktiengesellschaft, die Errichtung eines Bundesstaats sind einseitige Rechtsakte. Von diesen stellen wir uns die Stiftung gern als einfachen Akt vor, aber sie kann auch durch Betheiligung Mehrer, ja Vieler zu Stande kommen, so dass ein Gesammtakt verwirklicht wird. Die anderen zwei Erscheinungen treten sogar regelmässig in der Gestalt von

[1] Fr. 21. § 6. de O. N. N. (39, 1).
[2] Vgl. § 5. IV.
[3] S. oben § 2. Nr. 4. 6. 7.

Gesammtakten auf: die Subskribenten, die Einzelstaaten, nehmen an dem Schöpfungsprozesse Theil, den sie zusammen verwirklichen. Insofern sie an der Schöpfung theilnehmen, stehen sie nicht als Parteien einander gegenüber, sondern als Parteigenossen neben einander.

II. Ein mehrseitiger Gesammtakt liegt vor, wenn ein Vertrag zugleich die Elemente des Gesammtakts aufweist. Dies kann in doppelter Weise geschehen. Entweder

1) so, dass nur auf der Seite der einen Vertragspartei eine Mehrheit von Theilnehmern steht, z. B. wenn die mehrern *condomini* mit dem Nachbar Vertrag über Begründung oder Aufhebung einer Prädialservitut schliessen, wenn die mehrern Collektivprokuristen für ihre Firma einen Kaufvertrag eingehen. Oder

2) so, dass auf beiden Vertragsseiten eine Mehrheit von Parteigenossen am Rechtsgeschäft theilnimmt, z. B. wenn die Miteigenthümer des Grundstücks a mit den Miteigenthümern des Grundstücks b einen Vertrag über Begründung oder Aufhebung einer Prädialservitut schliessen, wenn mehrere Collektivprokuristen der einen Firma mit den Collektivprokuristen einer anderen Firma einen Kaufvertrag eingehen. Hier steht eine Mehrheit einer Mehrheit gegenüber, die zwei Mehrheiten bilden die zwei Parteien des Vertrags; es sind zwei Gesammtakte, die zu einem Vertrag zusammenschmelzen. Zerlegen wir begrifflich ein solches Rechtsgeschäft, so genügt es nicht, seine Vertragsnatur festzustellen, sondern es ist hinzuzufügen, dass dieser Vertrag sich in zwei Gesammtakte auflöst — aus zwei Gesammtakten sich aufbaut.

In beiden Fällen (1 und 2) haben wir zwar beliebig viele Parteigenossen, aber immer nur zwei Parteien, wie sie eben durch den Vertragsbegriff gegeben sind, z. B. beim Kauf Verkäufer und Käufer, aber der Verkäufer sind mehrere, der Käufer sind mehrere. Der Vertrag bleibt, was er ist, er hört nicht auf, Kauf zu sein, wenn er als einfacher oder doppelter Gesammtakt auftritt, aber die Parteien sind eigenthümlich gestaltet.

Ein Sozietätsvertrag, bei welchem kein Gegenübertreten von Parteien im obigen Sinne stattfinden kann, ist daher nicht geeignet, die Elemente eines Gesammtaktes in sich aufzunehmen.

III. Indem ich unter I die Fälle 1 und 2 unterschied, deutete ich auf folgenden Unterschied hin, welcher bei dem Vertrag nicht in Frage kommen kann: der einseitige Rechtsakt kann einfache Rechtswirkungen erzielen, d. h. solche, welche sich auf ein einzelnes Rechtsverhältniss beziehen, bez. ein solches begründen, er kann aber auch auf Schöpfung einer Rechtssphäre abzielen. Letzteres war der Fall bei der römischen *manumissio*, wodurch eine Person, ein neues Rechtssubjekt, ein römischer Bürger entstand; ebenso heutzutage bei der Stiftung, Aktiengründung und Bundesstaatserrichtung, wodurch immer ein neues Rechtssubjekt ins Leben gerufen, eine Rechtssphäre geschaffen wird. Wir können demgemäss Gesammtakte unterscheiden, welche sich auf ein Rechtsverhältniss beziehen und welche auf eine Rechtssphäre abzielen, aber diese Unterscheidung beschränkt sich auf das Gebiet der einseitigen Gesammtakte, der Vertrag kann nicht schaffend auftreten. Ein Schöpfungsakt kann durch Vertrag zwar vorbereitet, aber nicht verwirklicht werden, denn im Schöpfungsakte müssen alle Kräfte einheitlich zusammenwirken, während im Vertrag entgegengesetzte Interessen und Willensrichtungen im Spiel sind.

§ 7.

III. Gesammtakte des Privatrechts und des öffentlichen Rechts.

I. Wie der Vertragsbegriff ein allgemeiner ist und folglich für die verschiedenen Theile des Rechtssystems Werth hat, so auch der Gasammtaktbegriff. Wir treffen ihn im

Privatrecht, wie ein Theil der oben (§ 2) aufgeführten Beispiele beweist. Bald sind es einseitige, bald zweiseitige Rechtsgeschäfte, welche da als Gesammtakte gestaltet sein können; bald betreffen sie Rechtsverhältnisse, bald Rechtssphären. Von den die Rechtsverhältnisse betreffenden Gesammtakten gehören einige dem Obligationenrecht an, z. B. die *operis novi nuntiatio* von Parteigenossen, die Verpflichtung einer Firma durch Collektivprokuristen; aber auch das Sachenrecht ist betheiligt, z. B. bei der Servitutenbestellung durch Miteigenthümer, bei der Gesammtbelehnung.

II. Aus dem öffentlichen Recht, wozu auch Kirchenrecht und Völkerrecht gehören, greife ich das Staatsrecht heraus. Dieses bietet uns in der Errichtung des Bundesstaates ein hervorragendes Beispiel; im Gebiete des Gemeindelebens wäre eine analoge Erscheinung denkbar und vielleicht geschichtlich nachweisbar: eine Anzahl von Einzelgemeinden könnte nämlich zu einem Gemeindebund zusammentreten, so dass eine den Einzelgemeinden übergeordnete Munizipalgewalt entstünde; Ansätze dazu finden wir in den verschiedenen Städtebünden des Mittelalters, wo freilich die Städte den souveränen Staaten nahe kamen; auch kann man auf die mehrere Dörfer und bez. kleinere Städte umfassenden Bezirke in neuerer Zeit hinweisen, denn wenn man einen Rechtssatz annehmen könnte, wonach sich solche Ortschaftenbezirke frei bilden dürften, so würde die Construktion der Bezirksformation nicht ohne den Gesammaktbegriff gelingen können.

Ferner ist an das Zustandekommen constitutioneller Gesetze zu denken, wozu das Zusammenwirken von Regierung und Volksvertretung erfordert wird. Dieses Zusammenwirken ähnelt dem Vertrag, aber es würde die Natur des Gesetzgebungsaktes nicht treffen, wenn man die beiden Faktoren als zwei Parteien auffassen wollte, welche sich gegenseitig binden. Das Gesetz ist eine Rechtsschöpfung, die beiden

Faktoren zusammen machen den Gesetzgeber aus; ihre Willen greifen nicht in einander, um sich zu binden, sondern schmelzen zu einem einzigen Willen zusammen, welchem in Gemässheit der Staatsverfassung die schaffende Kraft eignet. Allerdings bindet das Gesetz, aber nicht die Faktoren als solche, sondern die sämmtlichen Angehörigen oder Unterthanen des Staats; das Gesetz gilt dem Lande. Dies wird deutlich, wenn man die Vereinbarungen zwischen Landesfürsten und Landständen nach mittelalterlichem Rechte vergleichend gegenüberstellt; hier treten sich Parteien gegenüber, deren jede ihren Interessenkreis vertritt; Land und Volk kommen nur mittelbar in Betracht, mag es sich nun dabei um Steuern, Gesetze oder Successionsfragen handeln.[1] So ähnlich einander auch diese Vereinbarungen und die constitutionellen Gesetze des heutigen Staatsrechts sind, so weiss ich doch ihren inneren Wesensunterschied nicht kürzer und schärfer zu bezeichnen, als so, dass ich jene zu den Verträgen, diese zu den Gesammtakten rechne.

Vielleicht treffen wir auf denselben Gedanken in der bekannten Definition, welche Papinian[2] von *lex publica* gibt, wenn er sie ein *commune praeceptum* und eine *communis reipublicae sponsio* nennt. Magistrat und Comitien mussten in besonderer Weise zusammenwirken, jedem war seine bestimmte Rolle zugetheilt;[3] die *lex* war ein *jussus populi Romani*, zu Stande gebracht durch Befragung (Rogation) seitens des präsidirenden Magistrats und Abstimmung der Comitien. Dies wird *sponsio* genannt, aber die ursprüngliche Bedeutung von *sponsio* scheint nicht den Vertragsbegriff enthalten zu haben, denn Varro sagt: *Spondere est dicere, spondeo a sponte, nam id valet a voluntate ... Spondet, qui dicit a sua sponte ...*

---

[1] Schröder, Lehrb. d. deutschen Rechtsgesch. § 50. S. 586—588.
[2] Fr. 1. de legib. (1, 3).
[3] Vgl. oben § 2. Nr. 21.

Qui spoponderat filiam, despondisse dicebatur, quod de sponte ejus, id est de voluntate exierat.[1] Festus bestätigt das unter Berufung auf eine ältere Autorität: *Spondere Verrius putat dictum, quod sponte sua, id est voluntate, promittatur,* und er fügt hinzu: *Spondere antea ponebatur pro dicere ... sed postea usurpari coeptum est de promissu ex interrogatione alterius.*[2] Also anfänglich einseitiger Akt, später Vertrag; auch das *dicere* ist einseitige Willenserklärung, und *spondere* bedeutet ursprünglich *dicere,* d. h. feierliche Rede. Jene Definition Papinian's dürfte auf alter Tradition ruhen und reicht vielleicht in die Zeit zurück, wo die *sponsio* noch etwas von dem alten Gedanken feierlicher einseitiger Willenserklärung enthielt.

§ 8.

IV. Simultane und successive Errichtung.

I. Wir sind von dem Gedanken ausgegangen, dass im Gesammtakt die mehreren Theilnehmer als Eine Partei auftreten, wir haben sie daher Parteigenossen genannt. Weil sie als Eine Partei zählen, so liegt das Gedankenbild nahe, dass sie als Eine Person zu rechnen seien, und in der That betritt Paulus diesen Weg, wenn er von den gemeinsam klagenden Korrealgläubigern *(plures rei stipulandi vel plures argentarii, quorum nomina simul facta sunt)* und Contutoren sagt: *unius loco numerantur,* oder von den *condomini,* welche gemeinsam gegenüber einem Nachbar mit der *actio finium regundorum* auftreten: *unius loco habentur.*[4] Da liegt eben nur ein Gedankenbild, ein Rechts-

[1] Varro de L. L. 6, 69. 71.

[2] *Festus* s. v. *Spondere.* Dazu Danz, Der sacrale Schutz. (1857.) S. 106. 107.

[3] Fr. 9. de pact. (2, 14).

[4] Fr. 4. § 7. fam. herc. (10, 1).

satz vor, aber man wird es erklärlich finden, wenn in Annäherung an den Gedanken der Personeinheit der naive Rechtssinn für den äusseren Vorgang des Gesammtaktes eine Form liebt oder gar fordert, welche ausdrückt, dass dabei mehrere Individualentschliessungen zu Einem Gesammtwillen und einer einheitlichen Rechtswirkung zusammenschmelzen.

Demgemäss legten bei der Gesammtverbürgung und der Gesammtbelehnung des germanischen Rechts die Parteigenossen, wie es scheint, ihre Hände in einander bezw. gemeinsam in die Hand des Belehnenden, um auszudrücken, dass sie wie Eine Person in diesem Rechtsverhältniss sein wollten,[1] und die mehreren Hände ungeschieden und unscheidbar wie eine einzige Hand (*conjuncta manus*, gesammte Hand) behandelt werden sollten. Somit tritt der Gesammtakt als einheitlicher Vorgang in die sinnliche Erscheinung, er ist nicht bloss ein gleichzeitiges, sondern ein einheitliches Handeln.

Uns entsteht die Frage, ob solche Einheit des Handelns dem Gesammtakte wesentlich sei. Ich meine nicht. Aber zweckmässig kann sie sein. Sie bringt die Ernstlichkeit des Wollens eines Gesammtaktes am einfachsten zum Ausdruck und schneidet alle Verwickelungen ab, welche sich einfinden können, wenn der Gesammtakt sich in mehrere Stadien, in getrennte Einzelakte, welche sich successiv und vielleicht in längeren Zwischenräumen folgen, zerlegt und so nur allmählich zu Stande kommt. Die *unitas actus* hat ihre praktischen Vortheile, und auf einer frühen Stufe der Rechtskultur, wo der Rechtssinn sich gegen jede Künstlichkeit und Verwickelung zu sträuben pflegt, wird man geneigt sein, das Zweckmässige für nothwendig zu erklären, also nur da einen Gesammtakt zu erkennen, wo unmittelbares Zusammenhandeln stattfindet.

Ich will den diesem Erforderniss entsprechenden Gesammtakt simultanen nennen. Er ist sicherlich das Ursprüngliche;

---

[1] Vgl. oben § 2. Nr. 10. 11.

nur nach und nach wird der Rechtssinn sich entschliessen, das den Akt äusserlich zusammenschliessende Band zu lockern. Für die *auctoritatis interpositio* des *tutor* hat das römische Recht das ursprüngliche Einheitserforderniss bekanntlich festgehalten *(statim in ipso negotio)*, aber in andern Fällen drängte die römische Praxis nach grösserer Freiheit.

II. Unsere Frage ist von den römischen Juristen in Anwendung auf den Fall der Servitutbestellung durch *condomini* behandelt worden. Solche Servitutbestellung kann nur im Wege des Gesammtaktes geschehen. Ulpian sagt[1]:

Si quis duas aedes habeat et alteras tradat, potest legem traditioni dicere . . . Si quis partem aedium tradet, vel partem fundi, non potest servitutem imponere, quia per partes servitus imponi non potest, sed nec acquiri . . . Si duo homines binas aedes communes habeamus, simul tradendo idem efficere possumus, ac si ego solus proprias binas aedes haberem. Sed et si separatim tradiderimus, idem fiet; sic tamen ut novissima traditio efficiat etiam praecedentem traditionem efficacem.

Ulpian setzt als ersten Fall des Gesammtaktes Simultantradition; er scheint diese als das Natürlichste und Unzweifelhafte anzusehen. Indem er das Folgende mit *sed* einführt, scheint er die Separattradition nicht für gleich unbedenklich zu halten, wenn er sich auch für deren Anerkennung entscheidet. Sofort aber knüpft sich die Frage an, wie die separaten Traditionsakte zu behandeln seien, wie und wann die Servitut entstehe. Ulpian entscheidet: die einzelne Tradition ist ohne Rechtswirkung; erst wenn alle *condomini*, jeder für seinen Theil, tradirt haben, entsteht die beabsichtigte Rechtswirkung, d. h. erst mit der letzten Theiltradition ist der erforderliche Gesammtakt vollendet. Ob der Zwischenzustand als ein Schwebezustand (Pendenz) aufzufassen sei, darüber sagt Ulpian nichts. Unterlässt einer der *condomini* seine Separattradition,

---

[1] Fr. 6. *communia praedior.* (8, 4).

so ist gar nichts erreicht, die beabsichtigte Servitut unterbleibt. Ob der Zwischenraum zwischen der ersten und der letzten Separattradition länger oder kürzer sei, darauf scheint Ulpian kein Gewicht zu legen.

Genauer geht Paulus auf die Servitutbestellung durch Gesammtakt ein, indem er verschiedene Möglichkeiten dabei ins Auge fasst. Er sagt[1]:

Receptum est, ut plures domini et non pariter cedentes servitutes imponant vel adquirant, ut tamen ex novissimo actu etiam superiores confirmentur perindeque sit, atque si eo tempore omnes cessissent. Et ideo si is, qui primus cessit, vel defunctus sit vel alio genere [in bona ejus successum sit][2] *vel alio modo partem suam alienaverit, post deinde socius cesserit, nihil agetur: cum enim postremus cedat, non retro adquiri servitus videtur, sed perinde habetur, atque si, cum postremus cedat, omnes cessissent: igitur rursus hic actus pendebit, donec novus socius cedat. Idem juris est, et si uni ex dominis cedatur, deinde in persona socii aliquid horum acciderit. Ergo et ex diverso si ei, qui non cessit, aliquid tale eorum contigerit, ex integro omnes cedere debebunt: tantum enim tempus eis remissum est, quo dare facere possunt, vel diversis temporibus possint,*[3] *et ideo non potest uni [cedi] vel unus cedere. Idemque dicendum est et si alter cedat, alter leget servitutes. Nam si omnes socii legent servitutes et pariter eorum adeatur hereditas, potest dici utile esse legatum: si diversis temporibus, inutiliter dies legati cedit: nec enim sicut viventium, ita et defunctorum actus suspendi receptum est.*

---

[1] Fr. 18. eod.

[2] Diese Einschaltung Mommsen's möchte durch eine andere ersetzt werden, welche das Subjekt des Satzes bestehen lässt, etwa so: *rel alio genere defecerit* (in Wegfall gekommen ist, z. B. durch *capitis diminutio*). Das *defecerit* konnte leichter, als ein ganzes Sätzchen, von dem vorausgehenden *defunctus* verschlungen worden sein.

[3] Die Worte *quo...possint* bedürfen der Emendation; ob etwa zu lesen ist: *quo pariter* (statt *dare*) *cedere* (statt *facere*) *vel diversis temporibus possint?*

Diese nicht in allen Worten zweifelsfreie Stelle bietet doch für unsere Frage einen deutlichen Sinn. Zunächst ersehen wir aus ihr, dass Paulus mit Ulpian über die Zulässigkeit successiven Zustandekommens des Gesammtaktes übereinstimmt. *Receptum est, ut plures domini et non pariter cedentes servitutes imponant vel adquirant:* sagt Paulus. Es gilt ihm als anerkannte Praxis.

Aber wie ist die Rechtslage zwischen dem ersten und letzten Akt aufzufassen? Der vollendete Gesammtakt wird nicht auf den Zeitpunkt des ersten der *superiores actus* retrotrahirt, sondern vom *novissimus actus* an datirt; er wird so behandelt, als wenn sämmtliche Parteigenossen zusammen im Zeitpunkt des letzten Einzelaktes gehandelt hätten. Es ist also kein reines Pendenzverhältniss, sondern es gleicht der mit einem *dies a quo* gemischten Bedingung. Mit besonderer Ausführlichkeit stellt dies der Jurist fest, und er zieht daraus folgende Consequenzen.

1) Wenn der zuerst Handelnde dann wegfällt oder sonst sein Wille massgebend zu sein aufhört (z. B. durch Veräusserung seines Antheils am Grundstück), bevor der *novissimus actus* vollzogen wird, so unterbleibt jede Wirkung; der Gesammtakt kommt eben nicht zu Stande.

2) Wenn nach dem *superior actus* der andere Parteigenosse, welcher den *novissimus actus* vorzunehmen hätte, vorher wegfällt, so erscheint wieder *tabula rasa.* Ich irre wohl nicht, wenn ich als des Paulus Ansicht annehme: dann müsse eine neue Verständigung unter den neuen Parteigenossen stattfinden und darauf hin jeder von Neuem den ihm zukommenden Antheil des Gesammtaktes vollziehen.

Ob diese Ansicht die einzig zulässige sei, ist mir fraglich. Warum soll nicht, wer nach Wegfall des einen *condominus* in dessen Rechtsstellung eintritt, den *novissimus actus* wirksam nachholen und den Gesammtakt vollenden können, ohne dass die Anderen nochmals ihren Willen erklären? Der Gesammtakt ist eben kein Vertrag. Allein man kann auch sagen, dass jeder Parteigenosse, indem er seinerseits den Gesammtakt vollziehen will, dabei die Mitwirkung anderer bestimmter Individuen im Auge hat und nur gerade mit deren Willen seinen Willen zu verschmelzen beabsichtigt; kommt also der Akt der bestimmten Individuen nicht zu Stande, so wird auch der Wille dessen, der gehandelt hat, hinfällig.

3) Auch eine Combination von Cession und Legat hält Paulus für statthaft, ebenso von Legat und Legat. Ueber letzteren Fall ist er allerdings nicht ohne stille Bedenken (*potest dici*), er will ihn nur zulassen, wofern die Erbschaften aller Parteigenossen gleichzeitig angetreten werden; andernfalls würde ein Schwebezustand des Legats die Folge sein, was gegen das Recht der Praxis verstosse.

Dritter Abschnitt.

Abgrenzung des Gesammtaktes.

§ 9.

Gesammtakt und Vertrag.

I. Wir haben festgestellt, dass Gesammtakt und Vertrag verschiedene Begriffe sind. Diese begriffliche Verschiedenheit hindert aber nicht, dass sie im einzelnen Falle in Berührung treten und sich verbinden, ja fast ununterscheidbar in einander flechten. Sehen wir zu.

Es kann geschehen, dass die mehreren Parteigenossen ohne Vorbereitung und Verabredung sämmtlich in rascher Folge bei persönlicher Gegenwart den Gesammtakt vollziehen; z. B. zwei Collektivprokuristen befinden sich in demselben Geschäftszimmer und unterzeichnen das ihnen vorgelegte Wechselpapier oder Kaufdokument. Hier kommt der Gesammtakt ohne Vertrag zu Stande. Der zuerst Unterschreibende erwartet zwar, dass der Mitprokurist gleichfalls unterschreiben wird, aber die Erwartung kann unerfüllt bleiben, z. B. sie wird unterbleiben, wenn der Mitprokurist, bevor er unterschreibt, eine bedenkliche Nachricht über die andere Partei empfängt; der Mitprokurist aber, wenn er gleichfalls unterschreibt, thut das nicht, weil er dazu vertragsmässig verpflichtet wäre, sondern aus eigner freier Entschliessung.

Der Gesammtakt kommt folglich ganz und gar spontan und ohne vorherige Verständigung zu Stande. Aehnlich, wenn bei einem heiteren Mahl der Nachbar, die günstige Gelegenheit beim Schopfe fassend, den mitanwesenden *condomini* seinen Wunsch zuruft, eine *servitus* über deren Grundstück zu haben, und diese sofort einhellig ihm die Bewilligung zur Antwort geben.

Wir können diesen Fall auch thatsächlich auseinandergezogen denken. Etwa so. Nachdem der Nachbar bei einer Zusammenkunft geäussert hatte, dass ihm eine Servitut an dem Nachbargrundstück erwünscht sei, schreibt ihm jeder der benachbarten *condomini* an einem der folgenden Tage, dass er seinerseits ihm dieselbe hiermit bewillige, und der Glückliche beginnt daraufhin die Ausübung der Servitut. Es dürfte hier nichts entgegenstehen, die Begründung der Servitut durch *quasitraditio* anzunehmen; hier liegt Tradition der *condomini* an den Nachbar, aber kein Vertrag unter diesen vor. Die Constituirungswillen der *condomini* schmelzen zu dem erforderlichen Gesammtwillen von selbst zusammen, ohne dass die Getrenntheit der Erklärungen ein Hinderniss abgiebt.

II. Aber der Fall liegt nicht immer so einfach, wie in den vorgeführten Beispielen. Oft bedarf es längerer Vorbereitungen, um die individuellen Entschliessungen zusammenzubringen. Zur Anbahnung des schliesslichen Constituirungsaktes gehört vielleicht ein erheblicher Kostenaufwand, wie bei der Planung einer Aktiengesellschaft, oder es ist vorerst noch rechtlichen Erfordernissen Genüge zu thun, wie bei der Entschliessung von Einzelstaaten, einen Staatenbund ins Leben zu rufen, wozu die einzelnen Volksvertretungen Zustimmung zu ertheilen haben.

In solchen Fällen wird es meist angezeigt sein, dass die Interessenten behufs Sicherung des Gesammtergebnisses in eine Rechtsgemeinschaft eintreten, indem sie gegenseitig Rechtsverbindlichkeiten übernehmen. Sie schliessen einen Vertrag unter einander, vielleicht einen Gesellschaftsvertrag, in welchem sie sich zu bestimmten Leistungen verpflichten. Setzen wir den Fall, es solle auf dem Wege der Subskription ein Fond für eine ins Leben zu rufende Stiftung (Park, Aussichtsthurm mit Reparaturfond, wohlthätige Anstalt) gesammelt werden. Wer eine solche Unternehmung, z. B. durch öffentlichen Aufruf, in die Hand nimmt, contrahirt mit den einzelnen Gebern und verpflichtet sich gegen die gezeichneten oder empfangenen Beiträge zur Verwirklichung des Unternehmens, soweit das in seinen Kräften steht; die Zeichner aber verpflichten sich zur programmmässigen Zahlung, zunächst dem Unternehmer. Alles das ist nur Vorbereitung der Stiftung; etwas Weiteres leistet der Vertrag nicht. Zur Entstehung der Stiftung bedarf es noch eines Constituirungsaktes, welchem die Constatirung der etwa gesetzlich vorgeschriebenen Vorbedingungen vorausgehen muss. Der Constituirungsakt selbst ist immer ein Gesammtakt, wenn eine Mehrheit von Interessenten da ist. Wir können den Vertrag einen Vorvertrag nennen; gleich wie das *pactum de contrahendo* den wesentlich beabsichtigten Contrakt vorbereitet, so in unserm Falle der Vertrag den Gesammtakt.

Aehnlich scheint mir das Verhältniss bei Anstellung von Beamten zu sein. Der Anstellung pflegen Verhandlungen vorauszugehen, auch wohl die Verpflichtung des einen oder beider Theile findet statt, Alles aber ist nur Vorbereitung des Anstellungsaktes. Dieser ist ein einseitiger staatsrechtlicher Akt der zum Anstellen legitimirten Behörde, und die Rechtswirkungen, z. B. die Amtspflichten, sind nicht Vertragspflichten, sondern gesetzlich normirte Pflichten aus der Anstellung. Der etwaige Vorvertrag und der Anstellungsakt sind im juristischen Gedanken scharf auseinander zu halten.

Vierter Abschnitt.

Unterscheidung von ähnlichen Erscheinungen.

§ 10.

I. Der Simultanakt.

I. Den Gesammtakten ähnlich sind gewisse Erscheinungen, welche als Simultanakte bezeichnet werden können.[1] Sie zielen nicht auf eine einheitliche Rechtswirkung, sondern auf mehrere Rechtswirkungen, eine besondere für jeden Mitwirkenden, freilich auf solche Rechtswirkungen, welche unter einander zusammenhängen. So die *adstipulatio*; *stipulatio* und *adstipulatio* verbanden sich, indem die *adstipulatio* sich unmittelbar an die *stipulatio* anschloss; das Wort *idem*, womit dieser Anschluss ausgedrückt wurde,[2] scheint anzudeuten, dass ohne Intervall der zweite Akt auf den ersten zu folgen pflegte, und vielleicht war die ursprüngliche Form die, dass *stipulator* und *adstipulator* unmittelbar hinter einander die Erklärung (in Frageform) abgaben, und erst dann der Schuldner seine Antwort beiden gemeinsam erklärte. Ebenso scheint die ursprüngliche Form der *adpromissio* die gewesen zu sein, dass auf die eine Frage des Gläubigers *promissor* und *adpromissor*

---

[1] Ich sprach oben von simultaner Errichtung von Gesammtakten, jetzt handelt es sich um eine Erscheinung, die nicht Gesammtakt ist.

[2] Gai. 3, 110. 112.

unmittelbar hinter einander ihre verpflichtende Antwortserklärung abgaben; wenigstens würde nur bei dieser Annahme innerlich gerechtfertigt sein, dass *sponsor* und *fidepromissor* nur zu Verbalobligationen hinzutreten konnten; bekanntlich ward erst die Verpflichtung des *fidejussor* von dieser formalen Abhängigkeit frei.[1]

Bei der einfachen Correalobligation, welche den Accessionsgedanken unterdrückt oder ausschliesst, ist es von jeher bestritten gewesen, ob nicht ein gemeinsamer Obligirungsakt erfordert wurde. Wie sollte anders die vollkommene Parität der *plures rei* (*stipulandi vel promittendi*) zum Ausdruck kommen, als so, dass der gemeinsame Gläubiger seine Frage an alle zugleich richtete,[2] oder der gemeinsame Schuldner die Fragen Aller zugleich entgegennahm, um sie in Einem Athem zu beantworten? Auf Ungetrenntheit des Aktes weist auch das *pariter deposui* bei Papinian[3] hin, wo dieser den Fall einer Correalverpflichtung mehrer Condepositare aufstellt, wenn wir an den Gegensatz denken, in welchen Paulus das *non pariter* zu *eodem tempore* stellt.[4] Julian war es wohl, welcher zuerst eine freiere Praxis befürwortete, indem er ein *modicum intervallum temporis* gestattete.[5] Ulpian lässt dann Intervalle ohne Bedenken zu.[6]

In allen Fällen liegt kein eigentlicher Gesammtakt vor, denn jeder Theilnehmer bezweckt für sich eine besondere Rechtswirkung; nur wer mit dem Dogma der *una plurium obligatio* vollen Ernst macht, wird jene Fälle mit dem Gesammtakt auf Eine Linie zu stellen geneigt sein; indess auch bei der Correalobligation braucht man nur an die in fr. 7.

---

1 Gai. 3, 119.
2 fr. 4. 6. pr. fr. 11. § 2. de duob. reis (45, 2).
3 fr. 9. pr. eod.
4 fr. 18. Comm. praedior. (8, 4).
5 fr. 6. § 3. de duob. reis (45, 2).
6 fr. 3. pr. eod. Vgl. aber Venulejus in fr. 12. pr. eod.

und fr. 9. § 2. *de duob. reis* erwähnten Modalitäten zu denken, um deutlich zu sehen, wie für jeden der *correi* die ganze Obligation eine eigene ist; die Obligation des Einen kann durch Bedingung, Befristung oder Ortsbestimmung anders geartet sein, als die Obligation des Anderen.

II. Dasselbe ist von dem gemeinschaftlichen Testament (*testamentum simultaneum*) zu behaupten. Es ist ein Doppeltestament in urkundlicher Zusammenfassung. Jeder Theilnehmer verfügt über seine Erbschaft, es fehlt also an der Einheitlichkeit der beabsichtigten Rechtswirkungen, und zwar gleichviel, ob das Doppeltestament eine gegenseitige Erbeinsetzung und diese in gegenseitiger Abhängigkeit enthält, oder ob dies nicht der Fall ist. Also auch, wenn es ein sog. *reciprocum* oder gar ein *correspectivum* ist, hat das Simultantestament nicht die Natur des Gesammtaktes; es besteht vielmehr aus zwei Testamenten, welche nur willkürlich in Eine Urkunde gebracht, nur äusserlich verbunden sind. Die hier aufgeworfene Frage, ob eine solche Zusammenfassung mit dem Erforderniss der *unitas actus* vereinbar sei, hat mit unserer Lehre vom Gesammtakt nichts zu thun.

III. Ob der Privatakt der Sequestration Gesammtakt oder blosser Simultanakt sei, kann zweifelhaft scheinen. Florentin[1] unterscheidet die Sequestration von der *depositio rei* durch mehrere *condomini;* diese deponiren jeder zu seinem Antheil, die mit dem Sequester abschliessenden Parteien dagegen deponiren jeder in *solidum.* Wie ist das zu verstehen? Jede der Parteien macht auf die Sache voll Anspruch und contrahirt daher mit dem Sequester dahin, dass er im Fall günstigen Processausgangs ihr gerade die streitige Sache ausantworte und ihr voll verpflichtet sei.[2] Jede der Parteien hat eventuell die *actio depositi sequestraria,* aber nur

---

[1] fr. 17. pr. depositi (16, 3).

[2] Paul. fr. 6. eod.

Eine Partei wird diese wirklich haben: so gehen ihre durch gemeinsamen Akt begründeten Rechte doch dann auseinander, jede hat es mit ihrem eigenen Recht zu thun. Die Sequestrirenden stehen zwar dem Sequester als Partei gegenüber, aber zugleich sind sie auch einander gegenüber Parteien, und dies ist es, was sie von den Parteigenossen beim Gesammtakt unterscheidet.

§ 11.

II. Der Bestätigungsakt.

I. Es giebt im öffentlichen Recht, sowie im Grenzgebiet zwischen öffentlichem und Privat-Recht mancherlei Erscheinungen, welche einige Aehnlichkeit mit dem Gesammtakt haben. Dieselben können sehr verschieden gestaltet sein und unterliegen ihren eigenen Gesetzen.

Ich lasse das *testamentum calatis comitiis conditum* des Gaius (2, 101) bei Seite, da wir die Art der Betheiligung der Bürgerschaft bei dem Errichtungsakte nicht kennen. Dagegen liegt es uns nahe, die Mitwirkung des Magistrats bei der *in jure cessio* ins Auge zu fassen. Was thut dabei der Magistrat, ohne welchen jener Akt nicht zu Stande kommt? *Addicit rem ei, qui vindicavit.*[1] Die solenne Handlung wird vom Erwerbenden vorgenommen, der Veräussernde braucht nur dabei gegenwärtig zu sein und nicht zu widersprechen. Was nun bedeutet die den Akt abschliessende *addictio*? Bewirkt sie erst den Eigenthumsübergang, oder bestätigt sie denselben, oder constatirt sie ihn nur? Das Erste gewiss nicht, denn es steht im Widerspruch mit dem Präsens in der entscheidenden Wortsolennität (*ajo meum esse*); das Zweite auch wohl nicht, denn der Magistrat hatte kein Verweigerungsrecht,

[1] Gai. 2, 24. Dazu 1, 134.

und nirgends ist gesagt, dass ihm eine *praevia causae cognitio* zustand. Es bleibt der Constatirungszweck übrig. Der Magistrat constatirte und proclamirte den feierlichen Vollzug des Aktes und machte ihn dadurch unanfechtbar. Aehnlich verhielt es sich mit der Thätigkeit des Magistrats gegenüber den Comitien, deren Beschluss vom Magistrat constatirt und verkündet werden musste, um rechtlich wirksamer *jussus populi* zu sein.

Aehnlich ist die Mitwirkung des Richters bei der Insinuation von Schenkungen, bei der Errichtung eines gerichtlichen Testaments. Es kommt auf die gesetzlichen Bestimmungen über die Mitwirkung der richterlichen Behörde an, ob dieser etwa eine vorausgängige Prüfung der Umstände dabei obliegt. Wo dies der Fall ist, muss der behördlichen Mitwirkung eine constitutive Macht beigemessen werden. Man denke an das Zusammensprechen der Brautleute durch den Standesbeamten, an die Mitwirkung des Gerichts bei der Gründung einer Aktiengesellschaft.

In allen solchen Fällen tritt zu dem Privatwillen eine öffentliche Autorität hinzu, also ein ganz heterogener Faktor. Es handelt sich da nicht um eine Verschmelzung gleichartiger Willen, sondern um ein *mixtum compositum* aus verschiedenen Rechtsgebieten. Welcher Art die Mitwirkung der berufenen Behörden sein soll, hängt ganz von den Zweckmässigkeitserwägungen des Gesetzgebers ab; anders ist sie bei der Eintragung in die Grund- und Hypothekenbücher, anders bei der Mitwirkung der Behörde im Falle der Intercession von Frauen, bez. Ehefrauen für ihre Männer. Es kann sich um blosse Beglaubigung des Aktes oder um Prüfung der Räthlichkeit desselben oder um Belehrung der Partei handeln. Solche Mitwirkung kann auch zu einem Gesammtakt in Frage kommen, fällt aber nicht selbst unter den Gesichtspunkt des Gesammtaktes.

II. Anhangsweise sei hier auch der Collegialbeschlüsse

gedacht, welche von einem mehrere gleichberechtigte Mitglieder umfassenden Willensorgan ausgehen. Ein Stiftungsrath, eine Generalversammlung, eine collegial zusammengesetzte Verwaltungsbehörde fasst nach Stimmenmehrheit Beschlüsse; allein hier handelt es sich nicht um Vollziehung von Rechtsakten, sondern nur um das Zustandekommen von Beschlüssen, welche dem Handeln vorhergehen und durch das Vollziehungsorgan auszuführen sind. Solche Beschlüsse sind nicht Verträge (unter den Abstimmenden), aber ich möchte sie auch nicht den Gesammtakten beizählen. Ein Gesammtakt würde es also nicht sein, wenn ein Stiftungsrath einen Beschluss fasst; aber wenn etwa die Stiftung zwei vollziehende Directoren hat, welche Collektivvollmacht haben, so gehen diese im Wege von Gesammtakten vor.

Ein Beschluss der Generalversammlung kann allerdings die Bedeutung eines Aktes, eines Gesammtaktes haben, dann nämlich, wenn er auf das Dasein der Aktiengesellschaft, d. h. ihre Gründung, Fusion oder Aehnliches geht, denn dabei handelt es sich immer um unmittelbare Erzeugung einer Rechtswirkung. Hiervon ist im folgenden Paragraph zu handeln.

Fünfter Abschnitt.

Einige Gesammtakte von besonderer Tragweite.

§ 12.

I. Die Gründung einer Aktiengesellschaft.

I. Zwei Erscheinungen, welche mir unter den Gesichtspunkt des Gesammtaktes zu gehören scheinen, sind in der neueren Doktrin mit lebhaftestem Interesse besprochen worden: die Gründung einer Aktiengesellschaft und die Errichtung eines Bundesstaats. Sie haben das gemeinsam, dass sie auf Schaffung einer (neuen) Rechtssphäre abzwecken, denn die Aktiengesellschaft ist eine juristische Person und der Bundesstaat ist ein Staatswesen. Betrachten wir zunächst die Aktiengesellschaft.

Wenn das Handelsgesetzbuch die Grundlage der Aktiengesellschaft Gesellschaftsvertrag nennt, so ist das ein ganz unglückseliger und irreführender Ausdruck, denn die Aktiengesellschaft ist keine Gesellschaft und der Gesellschaftsvertrag kein Vertrag. Die Aktiengesellschaft ist nicht Gesellschaft, sondern Person, der Gesellschaftsvertrag ist nicht Vertrag, sondern Verfassung, und die Person wird nicht durch Vertrag, sondern durch Gesammtakt ins Leben gerufen. Die Constituirung der Aktiengesellschaft ist ein Gesammtakt.

Aber ohne Vertrag geht es bei der Gründung selten ab.

Mir scheint daher die Hauptaufgabe der construirenden Jurisprudenz darin zu bestehen, dass sie in der verwickelten Gründungsthätigkeit dem Vertrag einerseits und dem Gesammtakt anderseits die ihm gebührende Rolle zuweist.

II. Die Novelle von 1884[1] unterscheidet zwei Gründungswege, welche man als Simultan- und Successivgründung zu bezeichnen pflegt. Die Simultangründung ist der einfachere und leichter zu construirende Weg.

Simultangründung liegt vor, wenn die Gründer zugleich die Aktionäre oder die Aktionäre zugleich die Gründer sind.[2] Es wird sich dabei meist um eine beschränkte Anzahl von Unternehmern handeln, das Gesetz verlangt aber wenigstens fünf. Diese haben das Statut festzustellen und den Betrag der von ihnen übernommenen Aktien anzugeben. Dies muss in gerichtlicher oder notarieller Verhandlung geschehen, d. h. in einer Sitzung, in welcher die Unternehmer ihre endgültige Erklärung abzugeben haben, und mit der protokollarischen Feststellung dieser Erklärung gilt die Gesellschaft als errichtet. Falls in erster Sitzung nicht sämmtliche Aktien übernommen werden, muss eine zweite Sitzung behufs der erforderlichen Aktienübernahme folgen, dann gilt die Gesellschaft erst mit der (wie vorher) protokollarischen Feststellung der übernommenen Aktienbeträge als errichtet.[3]

1) Es ist natürlich, dass diesen Sitzungen persönliche Verhandlungen unter den Unternehmern (Projektanten, Gründern) vorausgehen. Das Bild der geplanten Gesellschaft muß ausgearbeitet sein, bevor zur Gründung geschritten wird. Wie nun stehen die Unternehmer vor der Gründung zu einander? Es ist wohl möglich, dass unter ihnen Alles unbestimmt bleibt bis zum Augenblick der Gründung. Alles ist bis ins Kleinste

[1] Gesetz, betreffend die Commanditgesellschaften auf Aktien und die Aktiengesellschaften, vom 18. Juli 1884.

[2] Gesetz v. 1884. Art. 209d.

[3] Gesetz v. 1884. Art. 209. 209 d.

besprochen, das Statut vorschlagsweise schriftlich entworfen, aber keiner der Unternehmer hat sich bis jetzt entschlossen, sich zu binden. Erst die Sitzung soll entscheiden. Dann drängen sich sämmtliche rechtlichen Elemente in den Gründungsakt und Gründungsaugenblick zusammen, von Verträgen unter den Unternehmern ist nichts zu merken.

Die Gründung selbst ist ein Gesammtakt, nicht mehr und nicht weniger. Der Vertragsbegriff kommt dabei gar nicht in Frage. Im Augenblick der protokollarischen Feststellung, bez. durch die nachherige Eintragung ins Handelsregister, welche in Art. 210 und 211 erfordert wird, ist die Aktiengesellschaft als juristische Person ins Dasein gerufen, und damit die Vermögenssphäre, die ihr eignen soll, existent. Das neue Vermögen besteht aus den eingezahlten Aktienbeträgen, bez. den Forderungen auf Einzahlung und den etwa übernommenen Vermögensstücken.[1] In dem Gründungsaugenblicke hat sich die Rechtsverwandlung vollzogen, wodurch die neuentstandene juristische Person ihre Ausstattung, ihr Grundkapital, ihr Vermögen empfängt. Es ist eine juristische Schöpfung, die Unternehmer in der Sitzung sind die Urheber, der Richter oder Notar constatirt den Schöpfungsakt. Dass aber durch eine Anzahl von Privatwillen ein solcher Schöpfungsakt vor sich gehen kann, führt sich auf den Willen des Gesetzgebers zurück, welcher hinter den Privatwillen steht.

2) Aber dieser Schöpfungsakt kann durch Vertrag vorbereitet werden. Dies ist dann der Fall, wenn die Unternehmer sich gegenseitig verpflichten, eine Anzahl Aktien zu übernehmen, ein Statut zu entwerfen, Vorstand und Aufsichtsrath zu wählen und die constituirende Sitzung zu besuchen. Alles lässt sich in den Gedanken zusammenfassen, dass jeder sich verpflichtet, zu seinem Antheil mitzuwirken, dass die Gesellschaft zu Stande kommt. Jeder übernimmt gewisse Lei-

[1] Gesetz v. 1884. Art. 209 b.

stungen, um ein gemeinsam geplantes Resultat zu erreichen. Das ist Sozietätsverhältniss im civilistischen Sinne, obligatorischer Gesellschaftsvertrag. Er bildet, wo er verwirklicht wird, die Vorstufe der Gründung. Die Gründung selbst ist immer, so auch hier, ein Gesammtakt.

III. Das Gesetz von 1884 (Art. 209e) sagt: „Werden nicht sämmtliche Aktien durch die Gründer übernommen, so muss der Errichtung der Gesellschaft die Zeichnung der übrigen Aktien vorhergehen.“ Dies ist der Fall der Successivgründung. Hier geht der Gründung immer ein rechtlich bedeutsames Stadium voraus, welches als Zeichnungsstadium bezeichnet werden mag. Es ähnelt dem Vorstadium sub 2 bei der Simultangründung, denn wir kommen da ohne Vertragsannahme nicht aus.

Die Unternehmer (Gründer) und die Zeichner bilden zwei Gruppen, jede mit ihren besonderen Interessen; demgemäss sind in den zum Eintritt in die Zeichnergruppe bestimmten Zeichnungsscheinen die Gründer namentlich aufzuführen.[1] Die Gründer unter einander sind nach den sub II angegebenen Grundsätzen zu behandeln, aber den Zeichnern gegenüber treten sie immer in ein obligatorisches Verhältniss. Dies folgt schon aus Art. 209e, wo den Zeichnern die bedingte Verbindlichkeit auferlegt wird, den gezeichneten Aktienbetrag zu leisten, wofern die Gesellschaft bis zu einem gewissen Zeitpunkt zur Errichtung gelangt. Aber auch die Gründer haften den Zeichnern dafür, dass Alles geschieht, was zur Ermöglichung des Gründungsaktes erforderlich ist, alles vermieden wird, was die Interessen der Zeichner verletzen kann. Diese Annahme scheint mir unentbehrliche Grundlage für die Entschädigungspflicht zu sein, welche Art. 213a für die Gründer gegenüber der Gesellschaft festsetzt.

Das obligatorische Verhältniss der Gründer und Zeichner

---

[1] Gesetz v. 1884. Art. 209e Abs. 2. Nr. 2.

ist als obligatorische Sozietät aufzufassen. Jeder der Theilnehmer verpflichtet sich zu Leistungen, welche auf das Allen gemeinsame Ziel der Aktiengründung abzwecken. Die Gründer übernehmen andere Leistungen als die Zeichner, allein Verschiedenartigkeit der Leistungen steht dem Sozietätsbegriff nicht entgegen. Der eine Gesellschafter kann Geldleistung, ein anderer gewisse *operae*, ein Dritter wieder andere *operae* zu leisten übernehmen. So übernehmen Gründer und Zeichner jeder das zu leisten, was jedem nach dem Gründungsprogramm obliegt, und das Sozietätsverhältniss dauert, bis die Aktiengesellschaft zu Stande gekommen und die dieser zugedachten Rechte mittels des Errichtungsaktes auf die Gesellschaft übergegangen sind. Zu den Sozietätspflichten der Gründer gehört auch, dass sie sich bemühen, die hinreichende Anzahl von Zeichnungen zu gewinnen,[1] dass sie die fälligen Aktienbeträge einkassiren, dass sie Wahl eines Vorstandes sowie eines Aufsichtsraths herbeiführen (Art. 209f), und im Verein mit den Mitgliedern dieser zwei Organe die Anmeldung des Gesellschaftsvertrags beim Handelsgericht bewirken (Art. 210).

Behufs der Wahl des Aufsichtsraths muss von den Gründern eine Generalversammlung der Zeichner berufen werden, damit der Aufsichtsrath dann weiter den Vorstand wählt, falls nicht in Gemässheit des Gesellschaftsvertrags der Vorstand von der Generalversammlung selbst zu wählen ist. Diese Generalversammlung ist eine nur vorbereitende, sie bereitet die Errichtung der Aktiengesellschaft vor. Man hat sie Vorgründungs-Generalversammlung oder constituirende Vorgründungs-Generalversammlung oder Zeichnerversammlung genannt, am entsprechendsten scheint mir die Benennung Zeichner-Generalversammlung zu sein, weil sie dem Zeichnungs-

[1] Bei der Aufnahme neuer Zeichner in die Zeichnersozietät vertreten als Bevollmächtigte die Gründer diejenigen, welche bereits gezeichnet haben und also *socii* sind.

stadium angehört und auch die Eigenschaft einer Generalversammlung hat[1]. Von ihr unterscheidet sich wesentlich die im eigentlichen Sinne constituirende Generalversammlung, welche erst nach Anmeldung des Gesellschaftsvertrags beim Handelsgericht von diesem zu berufen und zu leiten ist. Bis dahin haben Vorstand und Aufsichtsrath die Gründungszustände unter ihrer Verantwortlichkeit zu prüfen, und bis dahin kann jedes Vorstands- und Aufsichtsrathsmitglied die Anmeldung seinerseits zurückziehen (A. 210a).

Constituirend ist diese Generalversammlung insofern, als in ihr der endgültige Errichtungsbeschluss gefasst und dadurch die Entstehung der Aktiengesellschaft für alle Betheiligten entschieden, ihrem weiteren Einfluss entzogen wird. Uebrigens gilt von ihr, was oben (sub II) von der protokollarischen Errichtung der Aktiengesellschaft im Falle der Simultangründung gesagt ist: in dem Errichtungsbeschlusse der constituirenden Generalversammlung wird der Gesammtakt vollzogen, durch welchen der Rechtsgrund zur Aktiengesellschaft gelegt wird. Das Gesetz verlangt allerdings durch den Satz des Art. 211, dass vor erfolgter Eintragung in das Handelsregister die Aktiengesellschaft als solche nicht besteht, noch das Registrirungsmoment, allein dieses ist nur formaler Natur und constatirt eigentlich nur die Erfüllung aller Erfordernisse der Entstehung; es kann dadurch an der Schöpfung selbst nichts mehr geändert werden. Trotz des apodiktischen Wortlauts des Gesetzes muss behauptet werden, dass die Registrirung nur für den Betrieb der Gesellschaft, nicht für ihr Dasein Vorbedingung ist.

IV. Im Augenblick der Entstehung der Aktiengesellschaft vollzieht sich der Uebergang der für diese bestimmten Rechte auf sie. Die Zeichner entäussern sich zu Gunsten der Gesellschaft der ihnen bisher (aus dem Sozietätsvertrag) zu-

---

[1] Vgl. HGB. Art. 210 b.

stehenden Rechte. In dem Gesammtakt der Errichtung der Aktiengesellschaft liegt diese Entäusserung. Wirthschaftlich betrachtet ist die Entäusserung ein Eintausch gegen den Aktienwerth, rechtlich ist sie ein eigenartiger Veräusserungsmodus analog der Mitgabe des *peculium bei* der Freilassung eines Sklaven.[1]

Man kann Rechte aufgeben auf verschiedene Weise: entweder durch Dereliktion bez. Verzicht, sodass kein Uebergang auf ein anderes Subjekt stattfindet, oder durch Veräusserung an ein anderes vorhandenes Rechtssubject oder auch durch Entäusserung zu Gunsten eines noch nicht vorhandenen, sondern erst ins Leben zu rufenden Rechtssubjects, welches eben dadurch zum Dasein gelangt, dass es mit den dazu gewährten Rechten ausgestattet wird. Dieser dritte Fall ist die Aktiengründung.

Es gibt Rechtsakte mit zusammengesetzten Rechtswirkungen, welche zwar logisch auseinandergelegt werden können, aber lebendig untrennbar zusammenhängen, z. B. der Vorbehalt einer Servitut bei der Veräusserung des Grundstücks, das nun dem Veräusserer dienen soll. Die Veräusserung der Sache und die Begründung der Servitut sind hier dermaassen in einander verschlungene Wirkungen, dass sie untrennbar sind, keine als die frühere oder spätere angesehen werden kann. Ebenso sind auch Errichtung der Aktiengesellschaft und Ausstattung mit dem Grundkapital untrennbare und gleichzeitige Wirkungen eines und desselben rechtlichen Vorgangs, den ich als Gesammtakt bezeichne: ein schöpferischer Rechtsakt mehrer Miturheber, durch welchen eine juristische Person ins Leben gerufen und ihre Vermögenssphäre mit Vermögenswerthen ausgestattet wird.

[1] fr. 53. de pecul. (15, 1).

§ 13.

II. Die Errichtung eines Bundesstaats.

I. Indem wir in das Gebiet des öffentlichen Rechts eintreten, müssen wir vor Augen behalten, dass hier oft grosse Ereignisse des Völkerlebens hineinspielen, welche der beschränkten Typenwelt des Juristen spotten. Man denke an die Möglichkeit, dass ein Eroberer eine Anzahl Gebiete, welche er unter seine Macht gebracht hat, zu einem Bundesstaat constituirt, indem er demselben die Verfassung einfach oktroyirt. Hier entscheidet Kriegsrecht, der Eroberer ist Schöpfer des Staatswesens; das neue Staatswesen entspringt ohne Vermittelung dem Willen und Machtwort des Potentaten.

Anders, wenn eine Anzahl bestehender Staaten sich frei zu dem Entschlusse vereinigt, so auf Lebenszeit, d. h. für immer zusammenzutreten, dass die Bundesglieder zwar eigene Staaten bleiben, aber zugleich ein neues alle zusammenfassendes und allen übergeordnetes Staatswesen bilden. Es kommt mir hier nicht darauf an, Bundesstaat und Staatenbund einander gegenüberzustellen, ich habe es für mein Interesse hier nur mit dem Bundesstaat zu thun. Aber im Vorübergehen sei gesagt, dass ich den Staatenbund in seiner reinen Gestalt der obligatorischen Sozietät des Privatrechts vergleiche: er ist ein Bund auf Zeit[1] mit einzelnen bestimmten Verpflichtungen der Bundesgenossen. Die Entstehung ruht durchaus auf Vertrag, die Bundesgenossen stehen ganz paritätisch und geben Nichts von ihrer Souveränetät auf. Wo etwa einem der Bundesgenossen eine

---

[1] Auf bestimmte Zeit oder auf Kündigung; ob auf Lebenszeit, d. h. für immer? Mir scheint, dass in der Bindung für immer schon ein bundesstaatliches Moment liegt.

Superiorität eingeräumt ist, wie im *foedus iniquum* des römischen Rechts, da ist schon ein bundesstaatliches Element beigemischt; auch der Deutsche Bund auf Grund der Wiener Schlussakte ist meines Erachtens nicht reiner Staatenbund, sondern eine Uebergangsform. Reine Staatenbünde werden überhaupt selten sein, aber es hat vielleicht einen theoretischen Werth, den Begriff des Staatenbundes rein und fest hinzustellen, um einen klaren Kanon von Grundregeln zu gewinnen, an welchem jede einzelne Erscheinung des Völkerlebens messbar ist.

Indem ich nun den Staatenbund auf Vertrag gegründet sein lasse, stellt sich der Bundesstaat so gegenüber, dass ich von seiner Entstehung den Vertrag prinzipiell fern denke. Ich meine, dass er hinzukommen kann, aber nicht wesentlich ist, dass er dabei nur vorbereitender Natur sein kann, und dass er, wenn der Bundesstaat entstanden ist, für seine Verfassung nicht unmittelbar weiter in Betracht kommt. Nur der Errichtungsakt ist ferner maassgebend, aber der ist kein Vertrag, sondern eine Rechtserscheinung anderer Art.

II. Der Staatenbund ist wie das Wort besagt, ein Bund, der Bundesstaat aber ist ein Staat. Die Errichtung eines Bundesstaats ist also Schaffung eines Staatswesens, welches vorher nicht bestand. Der Staatenbund ist die einfache Summe der Einzelstaaten, der Bundesstaat aber ist ein von allen Bundesgliedern verschiedener, über ihnen stehender Staat. Wie kommt dieser zum Dasein? Natürlich durch einen Schöpfungsakt, und zwar durch einen solchen, an welchem sämmtliche zum Eintritt in den neuen Organismus bereiten Staaten theilnehmen. Sie zusammen verwirklichen den Schöpfungsakt. Jeder nimmt daran in gleich originaler und gleichwerthiger Weise Theil, indem er seinen Willen mit den Willen der übrigen zusammenschliesst. Woher aber entnimmt der Einzelstaat diese Kraft des Schaffens? Es ist, meine ich, dieselbe rechtschaffende Kraft, durch welche der

Staat, jeder Staat überhaupt, sich seine Verfassung gibt und umgestaltet.[1] Wie ein Staat sich aus freiem Entschluss unter die Oberhoheit eines anderen Staats begeben oder gar in ihm aufgehen lassen kann, so kann er auch mit anderen Staaten zusammen ein neues Staatswesen errichten, indem sie alle in dasselbe eintretend sich angliedern.

Dabei schliessen sie nicht ein Rechtsverhältniss unter sich, der einzelne Gliedstaat hat als solcher mit den anderen einzelnen rechtlich nichts zu thun, sondern jeder steht in einem verfassungsmässigen Verhältniss zum Gesammtstaat. Nur als Glieder desselben Gesammtstaats gewinnen sie eine rechtliche Beziehung zu einander, diese Beziehung ist immer nur eine mittelbare und bestimmt sich durchaus nach ihrer Stellung zum Gesammtstaat.

Der Schöpfungsakt ist also kein Vertrag,[2] aber ein Rechts- und Staatsakt, welcher durch Zusammenhandeln mehrer Einzelstaaten zu Stande kommt. In diesem Akte wirken die schaffenden Staaten nicht als verschiedene Parteien, sondern als Parteigenossen zusammen, sie vereinigen ihre Willen in dem einen Ziele: Entstehung des sie alle umschliessenden Bundesstaats. Entstehung des neuen Staatswesens und Abtretung der dazu erforderlichen Hoheitsrechte an das entstehende Staatswesen sind unzertrennliche Vorgänge, welche eben das Wesen dieses staats- und völkerrechtlichen Gesammtaktes bilden.

III. Das uns nächstliegende Beispiel aus der Geschichte ist die Errichtung des norddeutschen Bundes. Die spätere Errichtung des deutschen Reichs ist juristisch darum ein weniger einfacher Vorgang, weil dabei ein schon vorhandener Bundesstaat mit anderen Einzelstaaten sich zu einem Bundesstaat zusammengeschlossen hat. Bleiben wir also beim

---

[1] Vgl. unten sub IV.

[2] Anders Schulze, Einleitung i. d. deut. Staatsrecht, S. 205. A. 1.

norddeutschen Bunde stehen, dessen rechtliches Dasein vom 1. Juli 1867 an datirt wurde.

Der norddeutsche Bund hatte ein Vorstadium, in welchem der Vertrag eine Rolle spielte. Ich meine den Bündnissvertrag vom 18. August 1866, ein Offensiv- und Defensivbündniss mit dem ausgesprochenen Zwecke, eine Bundesverfassung zu schaffen. In der unter dem 25. Juni 1867 veröffentlichten Verfassung des norddeutschen Bundes ist auf dieses Bündniss nicht Bezug genommen, und mit Recht, denn mit der Verfassung ist ein neuer Grund gelegt, ein Anfang gegeben, welcher nicht über sich hinausweist. Aber auffallender Weise ist ausser jenem Bündnissvertrag noch ein anderes Moment in das Vorstadium aufgenommen worden, welches als ein *ὕστερον πρότερον* erscheint: die Berufung eines norddeutschen Parlaments und die Verhandlung der betheiligten Souveräne (Staatsregierungen) mit diesem über die aufzustellende Bundesverfassung. Wo findet sich die rechtliche Grundlage für ein Parlament, einen Reichstag vor dem Dasein einer Bundesverfassung? Nur auf Grund einer solchen, nur in dem gegründeten Bunde (Bundesstaat) ist ein wirklicher Reichstag denkbar; es war daher ganz korrekt, dass das Parlament in dem Verfassungsentwurf (s. Einleitung) gar keine Erwähnung gefunden hat. Doch ist das Alles nur eine Construktionsfrage. Man hat es damals für zweckmässig erachtet, eine Vereinbarung (?) zwischen den Souveränen und einer Vertretung des ganzen norddeutschen Volks herbeizuführen, das war ein Akt politischer Klugheit, der sich dem juristischen Maassstab entzieht, und er hat nachträglich allgemeine Anerkennung gefunden.[1]

Eine zweite Abnormität ist, dass dem Vorstadium Etwas

---

[1] Wenn auch bei sehr verschiedener Auffassung des ganzen Vorganges seiten der betheiligten Faktoren. Vgl. Binding, Die Gründung d. norddeut. Bundes. (1888.) S. 33—35. 40. 41. 43.

fehlt, was in ihm erwartet werden musste: der Beitritt der einzelnen Landesvertretungen. Die Aufstellung einer Reichsverfassung und der Eintritt in den Bundesstaat, dem sie gilt, ist ein Akt, der, im eminenten Sinne, fundamental gesetzgeberischer Natur ist und daher ein Zusammenwirken der Faktoren der Landesgesetzgebung fordert. Die Landesvertretungen sämmtlicher Einzelstaaten mussten also zustimmen, um die aufgestellte Reichsverfassung verkündigungsreif zu machen und zum geltenden Recht zu erheben. Das ist nicht vor, sondern erst nach dem Publikandum vom 26. Juli 1867 geschehen; aber indem die Landesvertretungen ihren Beitritt wirklich erklärten, ratihabirten sie die Vorgänge, und vervollständigten nachträglich die mangelhafte Rechtsgrundlage. Erst mit dem allseitigen Beitritt der Landesvertretungen war der Gesammtakt, durch welchen der Bundesstaat ins Leben gerufen werden sollte, abgeschlossen, also das beabsichtigte neue Staatswesen bis dahin in Schwebe, und an diesem Schwebezustand konnte auch nichts durch die Veröffentlichung der Verfassung mittels des Publikandum geändert werden.

IV. Diese Veröffentlichung ist in einem Erlass des Königs von Preussen geschehen, welcher sich selbst als Publikandum bezeichnet. Offenbar sollte die Unvergleichlichkeit des Aktes bezeichnet werden, der nicht nur gewöhnlicher Gesetzgebungsakt, sondern ein politischer Rechtsakt von eminenter schöpferischer Bedeutung war und daher nicht durch einen der gewöhnlichen Gesetzgebungs - Terminologie entnommenen Ausdruck bezeichnet werden durfte. Die Herstellung des Verfassungsentwurfs, die Erklärung der Souveräne zu diesem Entwurf und der Beitritt der Landesvertretungen sind die drei Stufen, durch welche sich der Gesammtakt hindurch entwickelte; zum vollen Abschluss ist er erst durch den Beitritt der Landesvertretungen gekommen. Aber mit diesem Abschluss war die Schöpfung des Bundesstaats vollendet.

V. Man hat auch hier gefragt, woher die dauernde Wirkung eines solchen Schöpfungsaktes komme, und warum nicht der Wille der Miturheber, welcher im Beitritt erklärt worden ist, wieder zurückgezogen werden könne. Ich meine, die einzige Frage ist, ob ein solcher Schöpfungsakt möglich sei. Sobald man ihn zugibt, sobald man annimmt, dass der Wille der Einzelstaaten einen Bundesstaat schaffen könne, ist von selbst die Dauer und die verbindliche Kraft gesetzt, denn der Wille des nun eben legitim und unanfechtbar errichteten Staatswesens hält die Gliedstaaten gebunden, nur jener Wille selbst könnte diese wieder aus dem lebendigen Bande entlassen. Haben sich die Einzelwillen dem höheren Willen, den sie schufen, unterworfen, so ist es eine legitime Macht, die dieser höhere Wille fortan geltend macht, und eine Zeitgrenze gibt es dafür nicht. Es wäre ein innerer Widerspruch, wenn man einen Bundesstaat auf Zeit errichten wollte. Unterwerfung ist dauerndes Gebundensein.

Was nun die Frage anlangt, ob ein solcher Schöpfungsakt rechtlich annehmbar sei, so müssen wir uns nach Analogieen umsehen. Im römischen Recht konnte der Schuldner im *nexum* sich dem Gläubiger unterwerfen, der *paterfamilias* sich arrogiren lassen, die Frau sich in die *manus mariti* begeben, nach germanischem Recht konnte sich der Freie in Hofhörigkeit, in lehnsrechtliche Abhängigkeit stellen. Es kommt eben darauf an, ob es der Rechtsanschauung entspricht, dass ein solcher Unterwerfungsakt rechtliche Geltung hat. Er kann keine Geltung haben, wenn Unterwerfungsverhältnisse der betreffenden Art überhaupt nicht anerkannt sind; sind sie aber rechtlich anerkannt, so wird auch anzunehmen sein, dass eine freie und selbstständige Person sich durch eigene Entschliessung unterwerfen kann. Wir sagen also in Anwendung auf unsere Spezialfrage: ist das Rechtsgebilde des Bundesstaats überhaupt völkerrechtlich anerkannt, so ist auch die rechtliche

Möglichkeit für Einzelstaaten gegeben, kraft ihres selbstherrlichen Willens einen Bundesstaat durch ihre Unterwerfung unter das neue Staatswesen zu schaffen. Dieser Schöpfungsakt, der zugleich Unterwerfungsakt ist, hat nicht die Natur eines gewöhnlichen Gesetzgebungsaktes,[1] er ist auch nicht mit dem Geben einer neuen Verfassung zu vergleichen, welches sich innerhalb des Lebenskreises des einzelnen Staats hält, sondern er ist ein Akt, welcher über die Lebenskreise des Einzelstaats, ja aller theilnehmenden Einzelstaaten, hinauswirkt, indem er ein neues Staatswesen über ihnen ins Dasein setzt.

Einen regulären Publikationsmodus gab es für diesen ausserordentlichen Schöpfungsakt überhaupt nicht, es musste genügen, wenn die am Schöpfungsakte wesentlich betheiligten Faktoren (die Souveräne und die Landesvertretungen) ihre definitiven Ent- und Beschlüsse veröffentlichten; das Publikandum vom 26. Juli 1867 ist einer dieser Veröffentlichungsakte, die Publikation der Zustimmung der Landesvertretungen fügte das Uebrige hinzu, mit der letzten Publikation dieser Art war der schöpferische Gesammtakt vollendet. Es gehört nicht zu seinem Wesen, dass er in einem Augenblick verwirklicht wird.[2]

Meines Erachtens wäre der rechtlich korrekte Weg der gewesen, dass auf Grund eines Preussischen Verfassungsentwurfs die sämmtlichen Souveräne sich über Inhalt und Anfang der Bundesverfassung verständigten (mit oder ohne Vertrag), jede Einzelregierung den Entwurf jedem Landtage zur Zustimmung vorlegte und nach deren Einholung die allerseits angenommene Verfassung und deren Anfangspunkt theils in den Einzelstaaten, theils durch ein allgemeines und gemeinsames Publikandum veröffentlichen half.

---

[1] Vgl. Binding, Die Gründung d. norddeutsch. Bundes. (1888.) S. 5.

[2] Vgl. oben § 8.

Aber das Korrekte ist nicht immer das Opportune. Es mag politisch angezeigt gewesen sein, mit der Fiktion einer norddeutschen Nationalvertretung zu operiren, durch deren Stimme auf die Landtage einen Druck oder Schwung auszuüben und zu diesem Zwecke jener Vertretung mit dem Wahlgesetze vom Jahre 1849 den Schein einer legitimen Grundlage zu geben. Die nachträgliche Anerkennung des Geschehenen durch sämmtliche Landtage genügte, um die Anfechtbarkeit zu beseitigen.

Druck von Metzger & Wittig in Leipzig.

FSC
www.fsc.org
MIX
Papier | Fördert gute Waldnutzung
FSC® C083411

Kolibri 360 GmbH
Ferdinand-Jühlke-Straße 7
99095 Erfurt, Deutschland
produktsicherheit@kolibri360.de